Parables
Selected Poems

───◄o►───

Parábolas
Poemas

Parables

Selected Poems

————‹o›————

Parábolas

Poemas

PABLO ARMANDO
FERNÁNDEZ

mosaic press

Canadian Cataloguing in Publication Data

Fernández, Pablo Armando, 1930 - ,
    Parables : poems = Parabolas: poemas

Text in English and Spanish
ISBN 0-88962-754-1

1. Fernández, Pablo Armando, 1930 -   Translations into English.
I. Title.   II. Title: Parabolas.

PQ7390.F48P3713 2001   861   C2001-930053-9

Published by Mosaic Press, offices and warehouse at 1252 Speers Road, Units 1 and 2, Oakville, Ontario, L6L 5N9, Canada and Mosaic Press, PMB 145, 4500 Witmer Industrial Estates, Niagara Falls, NY, 14305-1386, U.S.A.

Mosaic Press acknowledges the assistance of the Canada Council and the Department of Canadian Heritage, Government of Canada for their support of our publishing programme.

Copyright © 2001 Pablo Armando Fernández

ISBN 0-88962-754-1
Printed and Bound in Canada.

MOSAIC PRESS, in Canada:
1252 Speers Road, Units 1 & 2,
Oakville, Ontario
L6L 5N9
Phone/Fax: 905-825-2130
mosaicpress@on.aibn.com

MOSAIC PRESS, in U.S.A.:
4500 Witmer Industrial Estates
PMB 145, Niagara Falls, NY
14305-1386
Phone/Fax: 1-800-387-8992
mosaicpress@on.aibn.com

Published in the U.K. by:
CALDER PUBLICATIONS LTD.
London, England

Published in France by:
HANDSHAKE EDTIONS
Atelier A-2,
83 Rue de la Tombe Issoire
Paris, 75014

Le Conseil des Arts   The Canada Council
du Canada   for the Arts

*to John Flattau
and Jim Haynes*

Photo by John Flattau

ACKNOWLEDGEMENTS

The Author wishes to acknowledge and thank all the transla-
tors of his works including:

Origin of Eggo, Abel Reflects, Denunciation from *Latin American
Writing Today*, edited by J.M. Cohen (Baltimore, Penguin Books,
1967). Translated by John Gibson, Arthur Boyars and Christopher
Middleton.
The Heroes from *The Penguin Book of Latin American Verse*.
Translated by John Hill.
Surrender of Eshu from *Con Cuba* (Cape Goliard Press London in
association with Grossman Publishers, New York, 1969).
Translated by Nathaniel Tarn.
Poems from the age of Hadrian: Danae, Plotina, Trajan from
Phoenix Nine,(Liverpool, Summer 1963). Translated by John
Gibson.
From Man to Death, from *Cuba Reader* (Grove Press, New York,
1989). Translated by Keith Ellis.
Barrack and nets from *TriQuarterly* Fall/Winter 1968/69.
Translated by Margaret Randall.
Island I from *el corno emplumado (the plumed horn* 23, 1967).
Translated by Tim Reynolds.
Maple from *90 Miles from Home* by Warren Miller (Little, Brown
and Company, Boston, Toronto, 1961). Translated by José
Yglesias.
Parable, To a Young Guerrilla Fighter in Prison, from *TIN-TAN*
4, 1976. Translated by Nina Serrano.
Reconquered Ground, from *TIN - TAN 5*, 1977. Translated by
Nina Serrano.
Goodness Does Not Abide in Me, translated by Rogelio Llopis.
Modulor, from *Cuba Poetry* (Book Institute, Havana, 1967).
Translated by Claudia Beck.
Epiphany, Twelve, from *Cuban Poetry* (Book Institute, Havana,
1967). Translated by John Gibson and Christopher Middleton.
Meditation and Elegy of the Poet Raoul from *New Left Review*
33, 1965. Translated by John Gibson and Christopher Middleton.
To the Great Cantor, Ballad of the Three Wars from *The*
Caribbean Writer, 1991. Translated by Daniela Giosefi and Enildo
A. Garcia.
A Peasant Girl Calls Her Yeyé Cari, 26 of July, 1959. Translated by J.
M. Cohen.
On to the Final Victory, from *The Book of the Heroes*, Havana,
1964. Translated by John Brotherton.
Carmen Miranda For Alicia translated by Pat Carrothers and
Armando Romero.

...and especially, John Flattau for his assistance in ensuring the
conclusion and publication of this book.

CONTENTS

Pablo Armando Fernández comparte con todo el Nuevo Mundo y otros pueblos hasta hace poco colonizados, la búsqueda de una voz auténtica, una voz que debe expresar un lenguaje que surgió de la tierra en otra parte, fue trasplantado, y tuvo que echar raíces, cambiar y ser cambiado antes de que pudiese comenzar a dar un testimonio real de su nuevo lugar y circunstancias. Para que tal voz sea verdadera, debe expresar, entre otras cosas, esta búsqueda, los falsos caminos tomados, los callejones sin salida, los desvíos, las frustraciones de la indagación, las acumulaciones de influencias y tradición de otros lugares, la ambivalencia hacia el propio lenguaje dado.

El recorrido poético de Fernández lo ha conducido a través de la experiencia del exilio, de la inmersión en una cultura y una lengua extranjeras; de la experiencia del retorno, del reclamo. Lo ha llevado de regreso a través de la historia, la historia de un país que ha sido testigo y sobreviviente de muchas invasiones, conquistas y varias revoluciones. Lo ha guiado a revivificar mitologías clásicas y aborígenes; e inclusive lo condujo al silencio.

Y, sobre todo, lo ha impulsado a crear poesía de lo "no poético", lo cotidiano, lo prosaico, lo común; a darle una voz al silencio. En su poesía, encontramos un deleite continuo en el acto de vivir en la Tierra, en un lugar peculiar de la misma que ha sido reivindicado como patria; encontramos un regocijo en la particularidad de la existencia, un saludo único, medido en cada ocasión contra el conocimiento de la muerte que ronda y se aproxima. La poesía de Fernández, si fuera música, sería un dueto para flauta y cello, de esta tensión entre la vida intensamente amada y la muerte intensamente sentida, surgen poemas que logran ser a la vez elegías y cantos de alabanzas.

– Margaret Atwood

Pablo Armando Fernández shares with all New World and until recently colonial peoples the search for an authentic voice, a voice that must speak a language which grew out of the earth elsewhere, was transplanted, and had to take root, change and be changed before it could begin to give a real account of its new place and circumstances. For such a voice to ring true, it must speak, among other things, of this search: of the false paths taken, the dead ends, the detours, the frustrations of the quest, the overlays of influence and tradition from elsewhere, the ambivalence towards the given language itself.

Fernández' poetic journey has taken him through the experience of exile, through immersion in a foreign language and culture, and also through the experience of return, of reclaiming. It has taken him back through history, the history of a country that has known and survived many invasions and conquests and several revolutions. It has led him to revivify mythologies, both classical and native; it has taken him through silence.

Most of all, it has led him to create poetry out of the "unpoetic", out of the daily, the prosaic, the ordinary, to give a voice to voicelssness. In his poetry, we find a continual delight in the act of being alive on the earth, on a particular part of the earth which has been claimed as homeland; we find a rejoicing in the particularity of existence, a greeting of each individual thing, which is measured at every turn against the knowledge of surrounding and approaching death. The poetry of Fernández, if it were music, would be a duet for flute and cello. From this tension, between intensely-loved life and intensely-felt death, come poems that manage to be at one and the same time elegies and songs of praise.

– Margaret Atwood

Como toda auténtica poesía, la seria, la sincera, la honrada poesía, ésta de Fernández es puerta que nos abre el paso al otro dominio. No hace falta decir cuál es. Otro dominio que en su misterio ya nos mete en cuerpo y alma en lo más hondo. Y en lo más alto.

– Eugenio Florit

Pablo Armando Fernández es uno de los poetas cubanos más fieles a una palabra necesaria y genuina: su obra se caracteriza por su lengua coloquial trabajada, cuyo origen se remonta al libre fraseo de Apollinaire y el surrealismo, y por su capacidad para un verso sensorial que dice con autoridad su recuento y su fábula.

– Julio Ortega

Pablo Armando puede registrar dos grandes marcas de esas que la vida vivida imprime definitivamente en el ser humano: una es su infancia en la provincia de Oriente (...) su contacto intuitivo que ha dejado en su poesía notoria huella en una nota de cubanidad esencial. Otra está representada por sus muchos años de vida en los Estados Unidos. Es nuevamente el poeta en Nueva York, sumergido en un universo ardiente y despiadado, pero es a la vez la gran experiencia de la poesía anglosajona moderna que ha establecido algunos de sus órdenes sintácticos, de su imaginería urbana, de su angustia existencial y las veloces vinculaciones de la sensibilidad para lo concreto con los arquetipos míticos que arrastran las creaciones literarias.

– Ángel Rama

As all authentic poetry – the serious, the sincere, the honest – Fernández's poetry is a door that opens the path for us to the other domain. No need to say which. Another domain that, in its inner mystery, places our body and mind within its depth. And within its height.

– Eugenio Florit, Cuban Poet

Pablo Armando Fernández is one of the Cuban poets most loyal to the genuine and needed word. His work is characterized by elaborate colloquial language wich can be traced back to the free strain of Apollinaire and Surrealism, and by his ability to make sensorial verse which tells his tales and fables with authority.

– Julio Ortega, Peruvian Critic

In Pablo Armando we can find two grand imprints of the kind only achieved in a fully lived life. One imprint is his childhood in the old provinces of Oriente (...) which has left a notable trace of essential Cuban identity in his poetry. The other is represented by his many years in the United States of America. He is the 'poet in New York', submerged in a passionate and cruel universe; but at the same time the source of the great experience of modern Anglo-Saxon poetry that has established some syntactic rules, and urban imagery, existential anguish and the speedy links between the sensitiviy for concrete things and the mythical archetypes which drag along literary creations.

– Angel Rama , Uruguayan Writer and Critic

PABLO ARMANDO FERNÁNDEZ

Poeta, novelista, ensayista y autor teatral, Pablo Armando Fernández nació el 2 marzo de 1930 en el Central Delicias, Las Tunas, Cuba. Cursó la primera enseñanza en su pueblo natal y bachillerato en el Instituto de Holguín y en Textil High School, en Nueva York. Siguió estudios de periodismo en Washington Irving Evening High School. Después siguió cursos en la Universidad Columbia (Nueva York). Residió en los Estados Unidos desde 1945 hasta 1959.

En 1958, estrenó en la Sala del Movimiento 26 de Julio, en Ámsterdam Avenue, Nueva York, su poema dramático *Las Armas son de hierro*. Regreso a Cuba en 1959 y fue subdirector de *Lunes de Revolución*, suplemento literario del perió *Revolución* (1959 - 1961), secretario de redacción de la revista *Casa de las Américas* (1961 - 1962). Desempeñó el cargo de Consejero Cultural de la Embajada de Cuba en Londres, Gran Bretaña (1962 - 1965). Al regresar a Cuba obtuvo el cargo de Jefe de publicaciones de la Comisión Nacional de Cuba en la UNESCO (1966 - 1971), miembro del Consejo Editorial de la Academia de Ciencias de Cuba (1971 - 1987). Director de las revista "UNION," de la Unión de Escritores y Artistas de Cuba (1987-1994).

En los concursos Casa de las Américas ganó mención de poesía por *Libro de los héroes* en 1963 y premio de novela por *Los niños se despiden* en 1968, traducida al polaco, francé e italiano y publicada en Argentina, Cuba y España. En 1969 obtuvo el acessit al premio Adonais, Madrid, con su libro de poemas *Un sitio permanente*; en 1985, con *Campo de amor y de batalla*, y en 1995 por su libro de cuentos *El talismán y otras evocaciones*, el Premio de la Crítica. En 1996 obtuvo el Premio Nacional de Literatura

Poet, novelist, essayist and playwright, Pablo Armando Fernández was born on March 2, 1930 in Delicias, Las Tunas, Cuba. Fernández went to primary school in his hometown and junior high school in Holguin and then moved to New York where he attended Textile High School and Washington Irving evening High School. He also attended Columbia University (New York). He lived in the U. S. from 1945 to 1959.

In 1958, his dramatic poem *Las armas son de hierro / Weapons Are Made of Iron* was performed for the first time at the 26th of July Movement premises on Amsterdam Avenue in New York city. He returned to Cuba in 1959 and worked as assistant editor of *Lunes de Revolución*, the literary supplement of the newspaper *Revolución*, from 1959 to 1961. He served as an editor of the magazine *Casa de las Americas*, from 1961 to 1962 and was then named Cultural Counselor to the Cuban Embassy in London, a post he held until 1965. On returning to Cuba, he became head of the publications office for the Cuban Commission of UNESCO and worked there until 1971. He then became an editor at the Academy of Sciences publishing house. From 1987 to 1994 he was the editor of the Writers' Union magazine, *Union*.

Pablo Armando's work has been awarded various prizes: *Libro de los heroes / The Book of Heroes* received an honorable mention poetry prize given by Casa de las Américas in 1963, *Los niños se despiden / The Children Bid Farewell* won Casa de las Americas's Best Novel Award in 1968 and was translated into Polish, French and Italian, and published in Argentina, Cuba and Spain; and his book of poems, *Un sitio permanente / A Permanent Place*, 1969, won Second Place Adonais Prize, Madrid. *Campo de amor y de batalla*, a book of poems, was awarded Cuba's Premio de la Critica in 1985 and his book of short stories, *El*

por su obra que incluye a *Salterio y Lamentación*, La Habana, 1953, *Nuevos Poemas*, Nueva York, 1956, *Toda la poesía*, La Habana, 1961, *Mimnos*, La Habana, 1962, *Un sitio permanente*, Madrid, 1969, *Suite para Maruja*, La Habana, 1978, *Aprendiendo a morir*, Barcelona, 1983, *Ronda de encantamiento*, Roma, 1990, *Nocturno en San Cugat*, India, 1995, *Libro de la vida*, Sevilla, 1997, *El pequeño cuaderno de Manila Hartman*, Santiago de Cuba, 2000 y *Reinos de la Aurora*, Valladolid, 2001, *las novelas El vientro del pez*, 1989 y *Otro golpe de dados*, 1993 y, 1994 y *De memorias y anhelos*, ensayos, 1998.

Fernández fue secretario del centro cubano del PEN Club Internacional. Ha viajado por paídrd de Europa, Asia, África, Australia, América Latina y Estados Unidos y ha asistido a numerosos encuentros nacionales e internacionales de escritores. Su poesía ha sido traducida a muchas lenguas y se la ha includio en varias antologías. Muchos de sus poemas escritos en inglés han sido publicados en *Tribune, New Left Review, Arts in Society* and *The Glasgow Review*. Fernández ha visitado y dictado conferencias en las más reconocidas universidades en cinco continentes. Miembro de número de la Academia Cubana de la Lengua y correspondiente de la Real Academia de la Lengua.

talisman y otras evocaciones / The Charm and Other Evocations again won the Premio de la Critica in 1995. In 1996 he received the Premio Nacional de Literatura for his oeuvre which includes the poetry collections *Salterio y lamentación / Psalms and Lamentation*, 1953, *Nuevos Poemas*, New York, 1955, *Toda la Poesía*, Havana, 1961, *Himnos*, Havana, 1962, *Un sitio permanente*, Madrid, 1970. *Suite para Maruja*, 1978, *Aprendiendo a morir*, Barcelona, 1983, *Ronda de encantamiento*, Rome, 1990, *San Cugat Nocturne*, New Delhi, 1995, *Libro de la vida*, Sevilla, *1997, El pequeño cuaderno de Manila Hartman*, Santiago de Cuba, 2000, y *Reinos de la aurora*, Valladolid, 2001, the novels *El vientre del pez*, 1989 and *Otro golpe de dados*, 1993 and *De memorias y anhelos*, essays, 1998.

Fernández was secretary of the PEN Club in Cuba. He has traveled in, Europe, Asia, Africa, Australia, Latin America and the U.S and taken part in writers' conferences in many countries. His poetry has been translated into several languages and is included in many anthologies. Many of his poems written in English have been published in *Tribune, New Left Review, Arts in Society* and *The Glasgow Review*. Fernández has visited and lectured at universities in five continents. He is a member of the Spanish Language Academy.

MANILA HARTMAN'S LITTLE NOTEBOOK

———◄◦►———

EL PEQUEÑO CUADERNO DE MANILA HARTMAN

1948-1951

AL CANTOR MAYOR

Digamos
que todo
sucedió como Dios manda:
mal; por no decir,
sin soluciones.
Digamos que está bien:
atrincherado;
sin la mano que extienda
hacia otro muro
la hebra de oro,
y en alto
el índice,
que oscuro ordena seas
un cerdo.
Digamos que faltó el despeñadero.

TO THE GREAT CANTOR

Let's say
that all
happened as God commanded:
evil; without saying,
is beyond solution.
Let's say that all's well:
fortifiably;
without the hand that holds
the golden thread
over another wall
and points
the high command,
that dark order to be
a beast.
Let's say that the fall never happened.

Translated by Daniela Gioseffi with Enildo A. García

BALADA DE LAS TRES GUERRAS

La súbita llovizna
que golpea su ventana
y una última rosa,
la devuelven a abril.
Y abril a un jardín verde
que no oculta su fin;
crear vida que alimente
su voraz sucesor.
¿Quién llama a su ventana?
¿La rosa que en su pecho
vuelve al hielo verano
y hace de octubre, abril?
¡Oh, tú, quienquiera seas,
si en tierra representas
armas y guerra y sangre,
no allanes su morada!
El día de la partida
a toque de centella
veinte abriles cual rosas
adornan a su amado.
Un papel amarillo
con negros caracteres
es cuanto le devuelven
del gallardo varón.
A solas, en la noche,
recrea su hermosura
y en las entrañas guarda
del amante, el amor.
Días y días vuelan,
da su fruto el manzano
y apacienta entre lirios
el hijo del amado.

BALLAD OF THE THREE WARS

The sudden drizzle
that taps at her window
and a last rose,
returns her to April.
And April to a green garden
that makes no mystery of its purpose:
to create life that feeds
its voracious succession.
Who calls at her window?
The rose that in her breast
turns ice to summer
and makes October, April?
Oh, you, whoever you may be,
if on earth you represent
weapons and war and blood,
don't trample her dwelling!
On the day of his departure
in a sounding flash
twenty Aprils like roses
adorn her lover.
A yellow paper
with black letters
is all that returns to her
of her gallant man.
Alone, in the night,
she entertains her own beauty
and in her womb keeps
the love of the lover.
Days and days fly by,
the apple tree bears its fruit
and the son of her lover
grazes among lilies.

Dichosa de saber
que con desvelo paga
a amor, lo que con celo
le retribuye amor.
Nunca fuera mujer
más venturosa, o fuera
mas cuitada, que aquella
que a mujer su hijo entregue.
Mas ambas, en mal hora
oyen un son de guerra
y pactan no ceder
ante mujer tercera.
La guerra es mujer seca
a la que falta pechos
y de los hombres hace
cenizas, soledades.
¡Qué voz llama a su puerta?
Una carta de pésame
y condecoraciones
trae un hombre de luto.
La inocente sonrisa
del pequeño, en los brazos,
hace menor la pena,
hace su ira mayor.
La llovizna y la rosa,
la devuelven a abril.
Una llama a su amado,
la otra por él responde.
Treinta y siete años vuelan
y en tres feroces guerras,
voces que fueran a su oído
canto, silencio son.
Mas, no lo es su pecho,
ni su mente lo es: arden,
y en otro fuego avivan
incendio vengador.

She is happy in knowing
that what arduous care
she pays to love,
love repays her.
There's no woman
more fortunate, there's none
sadder, than the woman
who gives her son to another woman.
But both, in an evil hour,
hear a song of war
and make a pact to be invincible
before a third woman.
War is that dry woman,
that one without breasts,
who makes of men,
ashes, loneliness.
What voice calls at her door?
A letter of mourning
and medals
brings a man dressed in black grief.
The innocent smile
of the little one, in her arms
makes her grief less
her anger more.
The drizzle and the rose
return her to April.
She cries out to her loved one,
and death answers for him.
Thirty seven years pass
through three ferocious wars,
and voices that were a song in her ears,
are silence.
But, not in her breast,
not in her mind; there they burn,
and like another flame, revive
a vengeful fire.

Sobre vastos sepulcros,
cenizas, soledades,
quiere ser entre perros
el último en ladrar.

Neuvo York, 1950

At the top of vast graves
ashes, loneliness,
she longs to be the last one
howling among the dogs.

New York, 1950

Translated by Daniela Gioseffi with Enildo A. Garcia

ALL POETRY

———◄○►———

TODA LA POESÍA

1953-1959

MAPLE

Pero hay otros exilios más allá de los brotes
del nogal y de las voces en la alfaba de estío
en Platekill con Sammy's Apple Tavern,
y la doncella con canasta al hombro
y florecidas trenzas de sazonado jalde.
Pero hay otros estíos —bostezo lento y vasto
de las olas en la quietud monástica de Maine—
con pájaros sonámbulos y sepulcros insomnes.
Y otros otoños presagiando fugas de nueces
y manzanas y pastores y fuentes de escarlata
y violeta y topacio y enjambres de avecicas,
huyendo a la penumbra del bosque y la llovizna;
presurosos, gritando al sur: que van. . .
Para ese viaje, dardos acerados, las alas
lanzan arrojadizas y la tarde sus afiladas astas
azuza verticales para embestir viajeros ánades y azulejos.
La campana del este su advertencia proclama.
El relámpago taja el vesperal paisaje.
Es que hay otros octubres lisos y otros relatos.

MAPLE

But there are other exiles beyond those buds
of the walnut and the sound of end-of-summer voices
in Platekill at Sammy's Apple Tavern
and the girl with the basket on her shoulder
and flowering hair of a bright, ripe yellow.
But there are other summers —long and slow yawns
the waves make in the monastic quiet of Maine—
with somnambulist birds and insomniac sepulchres.
And other autumns presaging the flight of chestnuts
and apples and shepherds and fountains of scarlet
and violet and topaz and swarms of bees.
They flee the forest's shadows and the grey drizzle;
hurried, shouting to the south: we are coming. . .
Steel-pointed darts for this trip, their wings
launch arrows and the afternoon urges on
its sharpened horns to gore ducks and bluebirds in flight.
The bell of the east proclaims the warning.
Lightning cracks the evening landscape.
You understand, there can be calm Octobers and other stories.

Translated by José Yglesias

MODULOR

Porque puede la garganta metálica
del campanario
dar de bruces a las austeras baldosas del atrio.
Han enronquecido, pardas, de clamar.
Porque puede la niña abandonar la aguja
sobre el lienzo.
Puede el bruto resistirse a cargar
la albarda
y no alcanzará frutos el mercado.
Puede el compás su exactitud quebrar,
magullando esferas que no alcanzaron a cobijar planetas.
Y pueden la herramienta y el grano y la palabra
roídas de indolencia ocupar un espacio en el rincón.
Pero no tienes que mirar tanto a las piedras.
No tienes por qué levantar altares con su silencio.
No tienes por qué machacar así la pequeña
frente extranjera.
No tienes por qué exprimir tanto corazón negro.
No tortures a las cifras. Ellas también velan.
Aquí no crecen el enebro, la casia, el sicómoro.
Aquí crecen las piedras
y nos otorgan sus dominios,
sus ávidos dominios siempre en éxodo,
en comunión con piedras,
con piedras y pronósticos.
Aquí crecen las piedras y mi otro miedo, aquél,
el de mi nombre.

MODULOR

True, the mighty bell's metallic throat
May hammer useless
On the austere flagstones of the courtyard
And tarnish, hoarse from so much sound.
So may the little girl
Run off and leave her needlework
Unfinished,
The beast of burden balk
Before his load
And the market never see the fruit.
The compass of the universe may falter,
Warping spheres that never saw their day
To bring forth planets,
And tools and grain and words,
Riddled with indolence,
Come to rest in some indifferent corner.
But there is no reason for you
To stare at stone with such absorption;
You needn't throw up altars with its silence,
Or rack your brain so over what seems alien,
Or pass so many sleepless nights
Leave off torturing the laws of chance;
They also do their part.
Here no juniper is growing,
Here no sycamore, no cassia,
Here is the growth of stone,
According us its dominions,
Its avid dominions growing out of death.
In communion with stone,
With stone and with auguries,
Here is the growth of stone,
And of my other fear
The fear for my name.

Translated by Claudia Beck

EN MI NO VIVE EL BIEN

Entre desconocidos anduve
acompañado.
Una noche en Irkutsk pensaba
olvidando otra de Hackensack, allí
hablamos del amor y de la guerra.
Hablamos.
¿Quién eligió que fuéramos dos jóvenes
que emigran y están solos?
¿Quién eligió que fuéramos extranjeros
a las palabras y a los sentimientos?
Una noche en Irkutsk la nieve nos detuvo
y eché a andar la noche muerta de Hackensack.
(Allí reanudamos el diálogo),
Aprendiendo a nombrar
de nuevo cada cosa, hablando de la muerte;
amigo, la guerra es su sirvienta
y éstas sus llaves:
tómalas.

GOODNESS DOES NOT ABIDE IN ME

Among strangers I wandered,
not feeling alone.
One night in Irkutsk,
I recalled a long forgotten night in Hackensack.
There we spoke of love and war.
How did it come to be?
We were two young and lonely immigrants,
alien to what was said and felt about us.
In Irkutsk one night
the snow detained us,
and I brought back to life
that long dead night of Hackensack.
(There you and I resumed our talk),
learning once more to name each and every thing;
while we talked over death.
Dear friend, war is his servant.
Look at its keys. Tune your ear to their raucous rattle!
Take them in your hands again!

Translated by Rogelio Llopis

SONGS

———◄○►———

CANTOS

ISLAS
A Pedro de Oraá y Loló

I

La mañana es un fruto que cruje y se desprende:
incendia el bosque con su olor.
Verde navío.
Asciende el humo en el atardecer.
Costa púrpura y oro donde la luz reside. Feudo amarillo.

Las mariposas mueven sus equilibrios
y un zumbido ligero atraviesa los aires.
Los cuerpos a esta hora, limpios,
llenan la primavera y de una llama a otra
se evaporan.
La noche se desnuda
y el son rompe en los cuerpos.

Nada os iguala, cítaras del agua, urpilas,
plazas áureas visitadas por tropas augurales.
Almacenes de olor: naranjas, piñas, mango de las
          Indias.
Relámpagos, encendidas ofrendas. Nada os iguala,
          cítaras del agua.

¿Podría la belleza mostrarse de otro modo
diferente a estas hierbas
que crecen como árboles, girasoles
silvestres, truenos y escuadrones de insectos
coronando el verano?
Solo, en el cielo, el sol arde.

ISLANDS
For Pedro de Oraá and Loló

I

Morning, a fruit that creaks and comes apart,
burns the woods down with its smell.
A green ship.
The smoke rises in the sunset.
Gold and purple coast, where the light lives. A yellow feud.

Butterflies move, balancing,
a light buzzing stirs in the air.
Bodies now, clean,
fill all spring and evaporate from one
flame to the next.
Night strips,
sound snaps in our bodies.

Nothing equals you, zithers of water, doves
golden squares visited by inaugural legions.
Warehouses of odours: oranges, pineapples, mangos
        from the Indies,
Lightning, blazing offerings. Nothing equals you,
        zithers of water.

Could beauty show itself any way other
than in these grasses
growing like trees, sunflowers
in fields, thunders
squadrons of insects, crowning the summer?
Alone burns, in heaven, the sun.

En el ofertorio de la ventura: música,
libaciones, flores selváticas, gallos,
cocodrilos, peces de escamas como alas:
verdes luciérnagas.
En la santa convocación de los holocaustos:
mercaderes, cómicos, titiriteros diestros
como animales encantados, ancianos hermosos
que meditan y disienten
y un tropel ágil de niños, criaturas
mágicas, imaginadas.

Rosas de sal, montes de las honduras
del mar, divinidades... ¡Islas!

Retablo alucinante del matorral:
cobre y oro de bayas gigantescas;
rumorosos jabillos, añil como el rocío, transparente.
La yagruma senil, enmascarada, es un cautivo dios.
La monodia verde.
Juegan las voces en el matorral.
Juegan a ser el mar, el monte.
Juegan a ser el aire.
El ocre siempre es Rey
y elige entre sus máscaras.
Para él no existe cosa despreciable.
Las lilas abominan del veneno.
Entra el imaginador.
Como no tiene vida se atiene a su derecho:
"Venid, os hago entrega de nuestra claridad.
Aquí nadie medita,
hay grandes vías hermosas y lisas
y nos aventuramos en los senderos del matorral.
El odio no se restaura con el odio."
Todas las gentes le miran y le escuchan.
El imaginador los acepta como suyos.
Las voces dentro del matorral
suplican a una húmeda estrella que descienda.

In luck's offertory: music,
libations, wood-flowers, roosters,
crocodiles, fishes with scales like wings:
green lightning-bugs.
In the holy convocation of holocausts:
salesmen, enchanted clowns, Punch-and-Judy people
like charmed animals, beautiful old men
who think and dispute
and an active jumble of children, magic
children, imagined.

Roses of salt, hills from the depths
of the sea, divinities. . . Islands!

The thickets hallucinating altarpiece:
the gold and copper of enormous bays:
noisy jabillos, azure as dew, transparent.
Senile yagruma, masked —a prudent god.
The green monody.
Voices play in the thicket:
play at being the sea, the bush,
play at being the air.
Ochre is king, always,
choosing his masks.
There is nothing he despises.
the lilies hate poison.
Enter The Imaginer.
Having no life he relies on his right:
"Come, I give you as gift my clarity.
None meditate here,
there are great smooth lovely ways
and we explore the paths of the thicket.
Hate is not restored with hate."
Everyone looks at him, listens to him.
The Imaginer accepts them as his own.
Within the thicket voices
pray to a moist star now descending.

Translated by Tim Reynolds

II

Faltaron la manzana y la serpiente:
no les sedujo la inmortalidad.
Sus fantasmas no poseían preguntas formuladas,
ni inciertos días porvenir.
No hubo para la muerte
campanas, ni unturas, ni cortejos.
A ellos no les sedujo la inmortalidad.
El imaginador no poseía las cosas que engendraba.
El imaginador, sin dominar, estimulaba.
Pero a su pueblo no le sedujo la inmortalidad:
vivían la vida misteriosa.

Desentendámonos de los prevaricadores,
de los idólatras, de los temerosos del imaginador.
Desechemos la santidad, seamos hábiles.
Este es un pueblo sin ciencias ni deberes,
es un pueblo de escasos apetitos, un pueblo
que conserva la simplicidad.

Desentendámonos de los anunciadores,
todavía no es el circo.
No tenemos ni domadores, ni trapecistas.
Faltan algunas fieras:
faltan el cuerno del rinoceronte
y las garras del tigre.
Faltan algunas atracciones. Cualquier
falsificación es peligrosa.
No temamos al ridículo.
Esta gente conoce: graciosos danzantes,
diestros acróbatas bajan del cocotero
con las frutas en las manos, sin arriesgarse
a la caída.

II

The apple and the serpent were missing:
immortality did not tempt them.
Their ghosts possessed no formulated questions,
no uncertain days, future.
For the death there were
no bells, no oils, no processions.
They were not tempted by immortality.
The imaginer did not possess the things he engendered
The imaginer, without mastering, stimulated.
But his people were not tempted by immortality:
they lived in mysterious life.

Let us separate from the betrayers,
the idolatrous, the imaginer's fearful ones.
Let us abandoned sanctity, let us be cunning.
This is a people without sciences or duties,
a people of weak appetites, a people
which conserves simplicity.

Let us separate from the preachers—
it is not a circus yet.
We have no tamers, no acrobats.
Some beasts are missing:
the horn of the rhinoceros,
claws of the tiger, are missing.
Some attractions are missing. Any
fraud is dangerous.
Let us not fear ridicule.
This people knows: graceful dancers,
skilful acrobats come down from the coconut tree
with fruits in their hands,
without risking a fall.

Ignoran nuestra retórica
pero poseen la elocuencia.
Todavía no es el circo:
faltan el tragaespadas y el comefuego.
Aquí nadie quiere meditar, digo, entre nosotros:
a ellos se les atemoriza con la muerte.

They are ignorant of our rhetoric
but have their own eloquence.
Its not a circus yet:
the sword swallower and fire eater are missing.
Here no one wishes to meditate, among us:
they can be frightened by the thought of death.

Translated by John Gibson

CUARTELES Y REDES
A Fayad Jamis

I

Las crónicas han sido redactadas pero no
todo corresponde a la leyenda. Apresurémonos
en inventar algunos mitos,
No se puede estar todo el tiempo bajo el sol
sin adorarle; no se puede ignorar
todo el odio que provocamos en los dioses.
"Porque si das la vida para saldar el odio,
todavía queda odio sobrante."
No se puede despreciar el sol sin admirar la lluvia.
Pero cuando no se hace lo uno ni lo otro,
cuando se mantiene a las gentes exentas de saber
        y de apetitos
cuando se cuida de que aquellos que saben no
        osen obrar,
no se repara el odio
y sobra la vida. Es cierto que hubo guerra, es
cierto que hubo esclavos y algunas epidemias,
y que hubo batallas victoriosas y libertad de esclavos
y juegos ingeniosos. El tiempo así transcurre. . .
Nadie hizo que fueran los alimentos dulces,
ni hermosos los vestidos, ni apacible
la habitación del pueblo.
Si esto fuera una crónica
pulularían los nombres y las fechas (algunas cifras).
El imaginador conoce toda la poesía
y la emplea en lugar de la escritura;
antes que los hombres eligieran transformarse
en hojas de morera, había pocas cosas
verdaderamente significativas.
Esta presunción cambió el curso de todas las historias.
Entre bueno y malo (¿qué diferencia hay?
La vida misteriosa.

BARRACKS AND NETS
To Fayad Jamis

I

The chronicles have been written, but not all
goes by the legend. We must hurry
to invent a few new myths.
Impossible always to be beneath the sun
and not adore it: impossible to ignore
all the hate we provoke in the gods.
"Because if you give your life to even accounts with hate,
there is still hate to spare."
Impossible to belittle the sun without admiring the rain.
And when neither one or the other,
when men are kept exempt from knowing
        and tasting,
when care is taken that those who know
        do not act,
then hate has no revenge
and there is life to spare. It is true, there were wars,
it is true there were slaves and one or another plague
and battles won and freedom for those slaves
and ingenuous games. Time passing like that . . .
No one made the foods sweet,
the clothing beautiful nor lush
the dwellings of the people.
If this were a chronicle
certain names and dates would be polished (a few statistics).
He who imagines, knows all the poetry
writes his own history:
before men chose to change themselves
in mulberry leaves, there was little
of real worth.
Presumption changed the course of all the histories.
Between good and bad, what difference?
Mysterious life.

¿Cuándo comenzaron a llegar las máquinas de cálculo?
¿Cuándo se recibieron en el puerto los primeros preservativos,
las jaleas y los diafragmas y los pesarios?
Traficamos con piojos y ratones. Algunos
de los hombres que conozco
señalan algún hecho, recuerdan una fecha
pero soslayan toda lucha con el tiempo.
Vivieron en días de gran miedo, cuando el error,
la apatía, la colaboración, el entusiasmo, los aciertos
la vehemencia, el cumplimiento del deber y la abstinencia
servían para compensar un gran odio
. . . y queda todavía odio sobrante.

En aquellos días ocurrieron
las grandes abominaciones.
Siempre acudimos a los retratos,
a ciertos sitios: una plaza, un corredor
cerrado por persianas, algún mimbre
que pierde su color
y la conversación de los ancianos:
nuestro único museo, nuestra
absurda biblioteca.
La Historia no ha sido redactada,
aunque no nos faltaron mecanógrafos,
contadores y algún buen traductor.
Pero al Norte, al Sur y a los flancos del Sol
se asistía al trueque de las tierras,
de los vestidos, del lenguaje, del ademán y del tiempo,
a cambio de baldíos, harapos, lengua áspera
hábitos de ociosos y mostrencos.
Ciertamente aquellos fueron días tenebrosos.
Ciertamente aquellos fueron días
para que desconfiáramos
del Juicio.

When did the IBM's arrive?
When did the first condom come into port,
the first jellies and diaphragms and pessaries?
We trafficked with lice and with rats.
Some of the men I know
signal one act or another, remember a date,
but all struggle fades with time.
Those were the days of great fear,
when error, apathy, collaboration, enthusiasm,
certainties, vehemence, duty and abstinence
served to placate a great hate
. . . and still there was hate to spare.

In those times the great abominations
took place.
We always look to the portraits,
in certain places: a public square, a corridor
dimmed by curtains, a screen
that has lost its color
and the stories of the old ones:
our only museum, our
absurd library.
The history has not been written,
though there were typists enough
and accountants and one or two translators.
But to the North, to the South and on the boundaries
        of the Sun
one took part in the barter of lands,
of clothing, of language, of gesture and of time,
exchanged them for vacant lots, rags, sharp tongues,
the lazy and those without home.
Surely those days were dulled.
Surely those were the days
when faith was lost
in the Judgement.

II

Ciudad, ciudad he asistido a todas
tus mudanzas. Me he postrado a tus imágenes
Yo conozco tus aguas que cercan tierras
de pastura, metales y plantíos
Y sé que están contaminadas del agua negra
de las alucinaciones.
¡Esta noche, si señores esta noche es la última
función, no se la pierdan!
Conozco esta ciudad. La lengua
con que sus moradores prevarican al sol.

El domingo estuvieron a comer y después
sin despedirse, apresuradamente se marcharon.
Juraría que es la mujer sepulcro,
siempre parece estar de parto, como la muerte
codiciosa de muerte.
En la nevera guarda su provisión de larvas.
Es peor que los hombres morera.
No cesa de narrar los hechos más siniestros.
Su voz penetra como una podredumbre
y estremece los huesos.
El la interrumpió muy delicadamente
—él es inglés ¿usted sabe?—
Pero ella dijo: "A los americanos
sólo les interesan las nalgas y las braguetas
de los hombres" y continuó diciendo
que en plena *street*
orinan para hacerse cierta publicidad.
Su prima, dijo, que es de Ontario, quiere
casarse el próximo verano,
pero jamás había tomado lecciones sobre el arte de amar.
Se rió como un idiota.
Le habían recomendado un sitio para esos menesteres.
Sonrió de ese modo lesbiano, ni ardoroso ni gélido,
y luego se marcharon.

City, city, I have been there
at all your changes. I have thrown myself down before
        your images.
I know your waters that border lands
of pasture, metals and gardens.
And I know the contamination: black waters,
hallucinations.
Tonight come one and all, tonight is the last
performance, don't miss it!
I know this city. The tongue
its inhabitants used to lie to the sun.

On Sunday they came to dinner, and afterwards,
without saying goodbye, they left quickly.
I swear it's the mother tomb,
giving birth, death anxious for death.
In the icebox she keeps her provision of larvae.
Worse than the mulberry men.
She does not cease to tell of their sinister plots.
Her voice penetrates as a fungus,
eats to the bone.
He interrupted, impeccable manner,
—he is English, didn't you know?—
But she said: "The Americans
are only interested in ass and a man's fly",
and she went on to say that they pee
in the *street* for a little attention.
Her cousin, she said, is from Ontario, planned
to get married next summer,
but had never taken a lesson in the art of love.
She laughed like an idiot.
Said they'd recommended a place for lessons in that.
Smiling with her lesbian mouth, neither hot nor cold,
and later they left.

¡La última, la última función!
¡No dejen de asistir! Regalaremos
a cada dama que ocupe una luneta,
una pastilla de jabón y un creyón de labios.
¡No se pierdan al feto mal parido, flor de la cloaca;
al domador bastardo, trapo de inmundicia:
a la gran trapecista, baba de imbécil y libidinoso!
Atracciones especiales, no se las pierdan:
                    agua de lavatorio
                    agua de sumidero
                    enjuague de letrina
¡Ultima función, definitivamente!
¡Vengan todos comienzan las ofertas!

¿Has leído el horóscopo? No olvides
que el jueves tengo un Canasta Party.
No seas tan literaria y ven,
tengo cuatro muchachos para que te diviertas.
Cuando dices que encuentras mis palabras oscuras,
pienso en lo tenebrosa que debe ser tu alma.
No veo nada, no soy clarividente:
Madama Sosostris murió de pulmonía.
En Europa estas cosas suceden con frecuencia.
Mi vecina compró en la Tercera Avenida
—visita Nueva York por los veranos—,
girándulas de oro. Anoche
andaba por la playa
recogiendo tenazas de crustáceos.
Es una chica divertida.
¡Sheba Sheba Sheba!
¿Dónde se habrá metido esa criatura?
No, yo jamás he leído la Biblia,
Mi madre saco mi nombre
de una novela de Victor Hugo
y en el bautismo
me añadieron otros dos nombres.

The last, the very last performance!
Don't fail to come! A bar of soap and a lipstick free
to every woman who buys a seat.
Don't miss the malformed foetus, the flower
of the sewer, the bastard animal trainer,
the spit of the imbecile, the great trapeze artist!
Last performance, absolutely the last!
Special attractions:
>   sewer water,
>   water from the basin
>   and the latrines
The last, the very last performance!
Come one and all, the offers begin!

Have you read the horoscope? Don't forget
I have a canasta party on Thursday.
Don't be an egghead, come, I have
four young boys to entertain you.
When you say you find my words obscure
I think of the greyness of your soul.
I don't see anything, I'm not clairvoyant,
Madam Sosostris died of pneumonia.
In Europe these things happen every day.
My neighbour bought on Third Avenue
—she goes to New York in the summer—,
fireworks display. Last night
she went to the beach
to gather crabs' claws.
Delightful girl, she is.
Sheba, Sheba, Sheba!
Where could that girl have gone?
No, I've never read the Bible,
my mother got my name
from a Victor Hugo novel
and at the baptism
they slapped on two more for good measure.

Cosas de españoles.
¡Sheba, Sheba! ... decía
que la nombré después de ver un film de Burt Lancaster.
Tengo prisa,
nos veremos mañana donde la *manicure,*
y no faltes el jueves.
Tengo cuatro muchachos para que te diviertas.

Aquí se exacerban los vicios babilónicos,
los vicios persas y los vicios de Etruria.
Nos especializamos en deleites antiguos:
no es necesario hablar las lenguas muertas.
Tener la lengua viva es cuanto se precisa.
Nuestros refinamientos
impiden todo tipo de chabacanería.
Tenemos toda clase de vicios,
como en botica.
Pero ¿quien se preocupa ahora por la realidad?:
usted es un majadero.
La realidad está llena de signos rojos y verdes.
Llena de jeroglíficos...
Usted es un -majadero, mi realidad no puede ser la suya.
Mire, yo vendo arcaicas aberraciones
y usted libros sagrados.
Buenas Noches.

¡Vengan todos, comienzan las ofertas!
Agua de lavatorio, agua de sumidero,
            enjuague de letrina:
                        tribu de Dios,
                        tribu canina:
                        tribu de Dios,
                        tribu felina:
                        tribu de Dios.
                        Los doce apóstoles:
                        baba de Dios.

The Spanish are like that.
Sheba, Sheba!. . . I'm saying
I got her name after seeing a Burt Lancaster film.
I've got to go,
see you tomorrow at the manicurist
and don't forget about Thursday.
I've got four young boys to entertain you.

Here we multiplied the vices of Babylonia,
the vices of the Persians and the vices of *Etruria*.
We specialized in ancient delights.
It isn't necessary to speak dead languages:
A live tongue is the only one needed here.
Our refinements
left no room for vulgarity.
We have all the vices,
a veritable drugstore.
But who bothers about reality now?
You are a bore.
Reality is filled with red and green lights.
Full of hieroglyphs...
You are a bore, my reality can't be yours.
Look, I sell old aberrations
and you sell sacred books.
Good night.

Come one and all, the offers begin!
Special attractions: sewer water, water
        from the basins and the latrines:
                        tribe of God,
                        canine tribe:
                        tribe of God,
                        feline tribe:
                        tribe of God.
                        The twelve disciples:
                        spittle of God.

III

Conozco ésta ciudad.
Su poderío no alabo
porque bajo las aguas está su nombre escrito.
¡Fuego, fuego!
¡No os apaguéis. No os consumáis!
Una voz amonesta:
Conozco esta ciudad. No alabo su esplendor,
la opulencia que ostentan sus aceras.
¿Quién tañe aquí su arpa?
Ebrios del vino del furor, no tienen
reposo de día ni de noche.
No seas bobalicón y entra, el sitio es oscuro
pero.... ¡maldita peste! No vayas a llorar.
Están preparando la cena. Los idólatras adoban
las ratas con estiércol. Beben sangre feroz
y sangre inocente.
¡Brindis de orina, festín de sapos reventados!
¡El diente, la uña, las vísceras!
Ungüento de saliva puesto sobre las llagas.
Los embriagados con el vino de la Bestia.
Vino de su fornicación.
Bebedores del licor de la ira.
Bebedores de la propia sangre, del propio humor y del ajeno.
No vayas a llorar.
No sabías que la rabia se deleita en la sangre.
Pensé que aquí sólo se practicaban los vicios de Gomorra.
 No quiero que llores vas a ofender a los invitados,
sobre todo al Coronel. No pude imaginar
que te hicieran comer los ojos como perlas del marino;
Creí que era una broma cuando me preguntaron
cuál era el verso más feliz entre todos los versos.

III

I know this city.
I don't praise her power
for beneath her waters her name is written.
Fire, fire!
Don't put them out, don't consume them!
A voice is heard:
I know this city. I don't praise her splendor,
the opulence her walls proclaim.
Who plucks a harp?
Drunk on the wine of fury,
they rest neither day nor night.
Don't be a fool, come in, it's dark
but . . . this damned plague! Don't cry.
Dinner is being prepared. The worshippers dip
the rats in shit. They drink fierce blood
and the blood of innocents.
A toast of urine, a feast of burst toads!
The tooth, the nail, the gut!
An unguent of saliva for the sores.
Drunk on the wine of the Beast.
Wine of their copulation.
Drinkers of the wine of ire.
Drinkers of their own blood, of their own humor and
            the humor of others.
Don't cry .
You didn't know that rage delights in blood.
I thought that here only the vices of Gomorra were in practice.
Don't cry. You might offend the guests,
especially the Colonel. I couldn't have thought
they'd have made you eat the eyes like pearls of the sailor.
I thought it was a joke when they asked me
the best of all the verses.

Tú estabas en otra habitación,
 olvidé el verso, recordaba otras partes:
        "I'll show thee every fertile inch o' th'island;
        And I will kiss thy foot. I prithee be my god."
Tuve que repetirlos besándole los pies.
Creí que aquí sólo se practicaban los vicios de
                Gomorra.
No llores, aún estás con vida.
No seas bobalicón y vámonos
            porque las primeras cosas son pasadas.

IV

Estas no son las crónicas,
el que escribe lo sabe, pero hemos dejado
de ser reminiscencia.
El 25 de diciembre de 1956
Mayarí Puerto Padre Holguín Jobabo Cacocúm
        Banes Preston Tunas Arroyo Arenas
tierras sin profetas, sin genios,
llenas de una muerte inmensa
mientras la vida pequeñita pasa.
el 25 de diciembre de 1956
¿escogido al azar? Tonterías
La muerte tiene sus caprichos, dirán,
y mienten. La muerte,
tantas veces culpable, la inocente,
no participaría en este crimen
Esto no es una crónica.
Exige que sea dicho con cólera
como una sacudida violenta
de palabras blancas de fuego.
"Redención de los muertos"
ya no eres una inexactitud,
un verso hermoso adornando las páginas proféticas
Hombre, redime al hombre vivo, Alzate y anda
entre los vivos, lucha con los vivos,
gánate el pan. comparte el pan.

You were in the other room,
I forgot the verse, I remembered other parts:
    "I'll show thee every fertile inch o' th' island;
    and I will kiss thy foot. I prithee be my god"
I was forced to repeat and repeat it, kissing their feet.
I thought that here only the vices of Gomorra were
            in practice.
Don't cry, you're still alive.
Don't be a fool, let's go
    the things of the beginning are past.

IV

These are not the chronicles,
he who is writing knows, but we are done
with memory.
The 25th of December of 1956
Mayari Puerto Padre Holguín Jobabo Cacocum
Banes Preston Tunas Arroyo Arenas
lands without prophets, without genius,
full of so great a death
while the small lives pass.
The 25th of December of 1956
chosen by chance? Fools!
Death has its ways, they say,
and they lie. Death,
so many times to blame, the innocent
would not take part in this crime.
this is not a chronicle.
I demand it be said with rage
as a violent tearing apart
white words and fire.
"Redemption of the dead"
no longer far from the truth,
a handsome verse adorned with pages of prophesy.
Man, redeem the living man. Get up and walk
among the living, fight with the living,
earn your bread, and share it.

Hombre. haz que las flores sean para los vivos.
Haz que el aceite sea para los vivos
y el vino de la vid para la vida.
Héctor Infante Pérez murió de esa gran muerte,
murió Alejo Tomás murió Silverio Hernández,
Marcial Pérez, José Mendoza y Alcides Aguilera,
murieron de esa muerte poderosa,
orgánica, fecunda.
Veinte mil muertos, todos con sus nombres,
con sus mujeres, algunas todavía por conocer
          al hombre;
con sus hijos, algunos todavía por engendrar.
Veinte mil muertos con zapatos.
Redención, te bastas como máxima.
Las crónicas se harán después
para cada uno de estos muertos,
para sus nombres, que no falten
a la memoria de los hombres vivos.
Muertos, ¿quién os libró del cuerpo de esta muerte?

Man, see that the flowers are for those who live.
See that the oil and the wine of life
are for those with life.
Hector Infante Pérez died of this great death,
Alejo Tomás died and Silverio Hernández,
Marcial Pérez, José Mendoza and Alcides Aguilera,
died of this powerful,
organic, fecund death.
Twenty thousand dead, all with their names
with their women, some yet to know
        their man;
with their children, some yet to be conceived.
Twenty thousand dead, all with their shoes.
Redemption, useless now as a slogan.
The chronicles will be made in days to come
for every one of these deaths,
and their names will not be forgotten
by those who live.
Dead ones, who freed you from the body of this death?

Translated by Margaret Randall

DE HOMBRE A MUERTE
A Roberto Fernández Retamar

I

He aquí, yo hago nueva todas las cosas
en tiempos de hambre y de ceguera.
¿Quién es aquel que esparce como arena o ceniza
        las viejas creencias?
    ". . . hemos caminado sin descansar una sola
    noche, cuarenta jornadas".
Precisamente así empieza la historia.
        ". . . durante quince días marchamos con el agua
        y el lodo"
Dijeron que la historia era un baldío
sin dueño, una casa vacía, pero para nosotros
es comer once veces en treinta días de viaje,
para nosotros las celadas y la tropa enemiga,
el río Lituabo, el puente de Cantarrana, emboscadas
        ráfagas y descarga de fusilería.
Los días 7 de septiembre antes de media noche
los poblados de Cuatro Compañeros y montes de Forestal,
la finca Trinidad a tres kilómetros del río La Yegua,
para nosotros es estar y no rendirnos,
debatirse entre la muerte y la victoria,
regocijarnos con la muerte y regocijarnos con la victoria.
Es recoger los muertos donde caen y marcar
con amor el lugar para siempre.
No hemos visto una rosa en toda la jornada.
En el olfato el mar como una fruta.
El río desbordado nos detuvo y esa noche sentimos
los ardores del amor,
la mujer como una necesidad y la comida también.
Hemos aprendido que la libertad no es una promesa,
que no es una palabra discreta, que ni los oradores,
ni los sacerdotes, ni los juristas
puedan dársela al pueblo.

FROM MAN TO DEATH
For *Roberto Fernández Retamar*

I

Look, I am re-creating everything
in times of hunger and blindness.
Who is he that scatters like sand or ashes the old beliefs?
  "...we have walked without a single night's rest,
  forty days."
That is precisely how history begins.
  "...for fifteen days we walked in water
  and mud."
They said that history was wasteland
without owner, an empty house, but for us
it means eating eleven times on a thirty-day journey,
for us traps and the enemy troops,
the Lituabo River, the Cantarrana bridge, ambushes,
  bursts and volleys of gunfire.
The 7th of September just before midnight,
the villages of Cuatro Compañeros and hills of Forestal,
the Trinidad estate three kilometers from the La Yegua River.
all this for us to stand firm and not surrender,
to writhe between death and victory,
to find joy in death or in victory.
It is to lift the dead when they fall and mark
the spot with endless love.
Not a single rose have we seen this whole day.
The sea smelling like fruit.
The overflowing river stopped us and that night we felt
the ardors of love,
woman as a necessity and food also.
We have learned that freedom is not a promise,
that it is not a discreet word, that neither orators
nor priests nor judges
can give it to the people.

"La única noche que descansamos en cuarenta días."
Así se hace la historia con hambre y sueño, en el peligro.
Entre la muerte y la victoria,
oyendo los temblores de la muerte.

II

Libertad, imagen del amor que no vive para sí solamente,
libertad, no te desconocemos, se es libre
en la montaña. Aquí
      ". . . escasean los bosques y la comida"
pero el diálogo es nuestro, se es libre donde se pelea.
Hay muchos días para entregarlos a tu amor,
hemos dormido entre tu voz.
Todos queremos coronarte,
queremos ser tus elegidos.
A veces, no sabemos dónde estás.
Mil imágenes tuyas se confunden
con nuestra sola imagen.
Irradias desde el pájaro la luz,
inundas la llanura.
Muertos del día que vendrá
amamos tus visiones —mensajes
que vuelven de los muertos—.
Puertas, umbrales infinitos...
Libertad, tu ojo despierto
son los ojos cerrados;
tu brazo en alto
son los brazos caídos.
Tus labios se hicieron para el canto.
Sólo en ti se revelan los misterios
de la continuidad.
Háblanos de las cosas minúsculas,
de los lugares que frecuenta el hombre
—sabemos que has vivido en las edades
de la tiniebla y el silencio—, hablemos...

"The only night in forty we can rest."
Thus history is made with hunger and fatigue, in danger.
Between death and victory,
hearing the tremors of death.

II

Freedom, image of love that lives for more than itself,
freedom, you are not unknown to us, one is free
in the mountains. Here
        "...woods and meals are scarce"
but the dialogue is ours, one if free where one fights.
Many days are at the disposal of your love,
we have slept among your words.
We all want to crown you,
we want to be your chosen ones.
Sometimes we don't know where you are.
A thousand images of you are confused
with our single image.
You inundate the plain.
We the dead of a coming day
love your visions —messages
that return from the dead—.
Doors, infinite thresholds...
Freedom, your alert eyes
are the closed eyes;
your arm raised high
are the fallen arms.
Your lips were made for song.
Your look was made for company.
Only in you are mysteries
of continuity revealed.
Speak to us of little things,
of the places frequented by people
—we know that you have lived in the ages
of darkness and silence—, let us speak...

siete rifles Garand

Nadie nos dijo qué era la sabiduría.
cuatro Springfield
Disciplinados y valientes.
dos ametralladoras de mano calibre 45
Hoy hemos comido poco.
una carabina M-1
Alguien está rogando por los perseguidos.
Alguien está rogando por los perseguidores.
tres Winchester calibre 44
Generaciones que son para la vida.
una escopeta automática calibre 12
Nuestras manos futuras.
rifles automáticos calibre 22
Los estampidos de la guerra,
la masacre de la guerra.

La historia no es un baldío sin dueño.

Libertad,
háblanos de tus muchos amadores
mientras en Mayarí Arriba,
sobre el campo tendido, quedan algunos.
Nuestras manos
ganan una ametralladora Thompson,
cinco Springfield
y algunas armas cortas.
Libertad
—no del tigre o el pájaro—
la del hombre:
gánanos para ayer, para mañana
gánanos hoy.
Somos tus fieles amadores.
Entre los estampidos
y los fogonazos
oímos todo lo que en ti tiembla:
late tu corazón,

Seven Garant rifles

No one told us what wisdom was.
            four Springfield
Disciplined and courageous.
            two 45 calibre hand machine guns
Today we have hardly eaten.
            one M-1 rifle
Someone is praying for the pursued.
Someone is praying for the pursuers.
            three 44 caliber Winchesters
Generations that are to come.
            a 12 caliber automatic shotgun
Our future hands.
            22 caliber automatic rifles
the loud bangs of war,
the massacre of war.

History is not an ownerless wasteland.

Freedom,
speak to us of your many lovers
while in Mayari Arriba,
on the flat land, some remain.
Our hands
win a Thompson machine gun,
five Springfield
and some small arms.
Freedom
—not of the tiger or the bird—
but of people:
win us over for yesterday, for tomorrow,
win us over today.
We are your faithful lovers.
Amid the loud bangs
and flashes
we can hear all that trembles within you:
your heart beats,

aquí entre pinos quemados y sangre.
Desnuda estás en todas partes
y duermes a la sombra de las ruinas.
En ti nos detuvimos.
Sólo tú eres destino.

III

Los hombres se hacen viejos y mueren
¿A quién se le querrá atemorizar con la muerte?
Los que se le anticipan
en su oficio
son muertos de la Muerte.
Los hombres mueren
sin que haya tenido aquél
trato con éste;
sin que hayan compartido la tristeza.
¿A quién se le querrá atemorizar con la muerte?
La montaña llena de un aire
olvidado hace miles de años.

". . . a las 7 de la mañana apareció
una avioneta de reconocimiento

El enemigo detesta mi amor.
Expuestos a la lluvia preguntándonos cuándo volveremos
a vernos, mi niña.
Esos hombres que nunca estuvieron en combate
que no han peleado con amor
que no dejaron para siempre las cruces
no conocen la guerra.
No vamos a morir.
Seremos viejos en el tiempo de la vejez.
Seremos viejos para
contar y orar y dormir.

here among burnt pine trees and blood.
In your nakedness you are everywhere
and you sleep in the shade of ruins.
We stop when we reach you.
You alone are destiny.

III

Men become old and die.
Who could be scared of death?
Those who anticipate it
in their daily tasks
are made dead by Death.
Men die
without this one having had anything to do
with that one;
without them having shared any sadness.
Who could be scared of death?
The mountain shrouded in air
forgotten thousands of years ago.

> "...at seven in the morning
> a reconnaissance aircraft appeared."

The enemy detests my love.
Out in the rain my darling asking me
when we will see each other again.
Those men who never were in combat
who have not fought lovingly
who haven't walked away forever from crosses
do not know war.
We are not going to die.
We will be old when the time for old age comes.
We will be old to
recount and make speeches and sleep.

"... a las 11 y media de la mañana
                cruzaron seis camiones
                cargados de soldados"

Esos pájaros se quedaran
para siempre cantando en la memoria.
Ahora él estará afilando en la piedra su machete
y ella estará recogiendo las tazas vacías
—no quiso despedirme—
La postura sumisa del puente.
En la oscuridad la tierra parece arder.
Queremos amor queremos vivir.
Tenemos toda la tristeza,
(bailaré contigo amor mío);
la ropa huele a animal mojado,
huele a las cosas tristes,
(bailaré contigo amor mio).
Las ametralladoras no comprenden
no saben por qué es esta alegría.

            "... a las 4 de la tarde aproximadamente
                se escuchó un nutrido tiroteo como a cuatro
                o cinco kilómetros".

Todo el verdor de esa rama y la flor
que vendrá y mi sangre
están gritando por que vengas.
Queremos vivir con la tristeza, con los adioses,
con todos los recuerdos.
Queremos vivir con la alegría.
Yo te amo

"... a las 7 en punto nos pusimos
                en marcha."

La Habana, 1960

"... at 11:30 A.M.
           six trucks passed
           full of soldiers"

Those birds will be
forever singing in my memory.
Now he will be sharpening his machete on the stone
and she will be picking up empty cups
—I hated to leave—.
How submissive the bridge's posture.
In the darkness the earth seemed to burn.
We want love, we want to live.
We have all the sadness,
(I will dance with you my love);
the clothing stinks of drenched animals,
smell of sad things,
(I will dance with you my love).
The machine guns do not understand
they do not comprehend this happiness.

              "... at about four in the afternoon
                    heavy gunfire was heard
                    some four or five kilometers away"

All the verdure of that branch and the flower
that will bloom and my blood
are crying out for you to be here.
We want to live with sadness, with farewells,
with all our memories.
We want to live in happiness.
I love you

              "...at 7 o'clock sharp we
                    set off."

La Habana, 1960
Translated by Keith Ellis

YO, PABLO

A mi padre, a su casa

I

Lo que otros hombres pierden cuando se pierde un hombre, no es el hombre. Si un hombre muere, no mueren los demás; con él muere algo que estaba muerto en él y no en los otros. Con el muere solamente lo que es en él susceptible de muerte. La muerte de un hombre es siempre la que traía consigo. No hay muertes infinitas aunque sus caminos sean diversos. La muerte en el hombre es semejante a su misma muerte.
Sucede con la vida lo contrario. La vida de un hombre es múltiple como los miembros de su cuerpo. La vida de la mano y la vida del ojo no son la misma vida, tampoco lo es la vida del pie; sin embargo todas son vidas del cuerpo.
Si muere el ojo y no la mano, sólo se ha perdido el ojo y no el cuerpo. La vida del cuerpo que es total es la vida. No es cierto que en todo hombre que muere, muere el hombre.

I PABLO
To my father, to his home

I

What other men lose when one man is lost is not man. If a man dies, the others do not die; with him dies something that was dead in him and not in the others. With him dies only that which in him is susceptible of dying. The death of a man is always the one he brought with him. There are no infinite deaths although their ways are different. Death in a man is only similar to his own death.

With life, the contrary is the case. The life of a man is multiple as the members of the body. The life of a hand and the life of an eye are not the same life, nor is the life of the foot the same; nevertheless all of them are lives of the body.

If an eye dies and a hand does not, only the eye has been lost and not the body. The life of the body that is a total life. It is not true that with every man that dies, man dies.

II

de tal modo que traspase los montes
y no tengo amor, nada soy.

Pablo, 1 CORINTIOS

Como las hojas solitarias
entre todo lo que perece,
nada valía su cabeza,
ni la mano, del mismo modo
muertas, a pesar del amor.
No recordaron sus entrañas
qué labios había besado,
ni a quién había sostenido.

No recordaron otras noches,
quién había llegado, y quien
había en el silencio huido.
Sólo la noche exigiría
al condenado una respuesta.
El había olvidado el amor,
no recordaba sitio alguno
—oscuramente solitario—.

No recibió por ley la muerte.
Lo arrebató a la muerte misma,
la que traían sus entrañas.
Divagará como las hojas
sin recuerdos de medianoche,
ni amaneceres y distancias.
En él nada cantó, era oscuro
y como una torcedura, áspero.

II

That can move mountains,
but have not love, I am nothing.
1 CORINTHIANS

Like the lonesome leaves
among everything that perishes
nothing could achieve his head,
nor his hand, in the same way
dead, in spite of love.
His entrails could not remember
whose were the lips he kissed
nor whose body he had sustained.

Other nights could not remember
who had come or who
had fled into the silence.
Only the night would require
an answer from the condemned.
He had forgotten everything of love,
he could not remember any place
being so obscurely lonely.

He did not received death as a law,
he seized it from the death itself,
the death he carried within him.
He will wander like the leaves
without memories of midnight
or dawnings or distances.
Nothing sang in him, he was obscure
and knotty like a twisting.

Camino apenas para el trueno
la lluvia está llena de noche.
Uno por uno han de morir
los ruidos que caen a tierra.
Entre todo lo que perece,
serán su mano y su cabeza
como las hojas solitarias,
sin que el amor pueda juntarlas.

Cuando su mano halle la tierra
estará como cualquier hoja
que no sabe el vuelo que emprende,
que desconoce lo que trae
el invierno, sus repetidas
fugas hacia otras primaveras.
Habrá olvidado sus recuerdos,
sombras y sueños y furores.

Estará cayendo en la nada,
no menos muerto que en el día
que contra sí mismo jurara.
Toda la noche vagará
del bajo monte a la montaña
sin encontrar tumba avarienta,
sin encontrar horizonte alguno
para esta muerte, y tantas otras.

Rather a road to thunder
the rain is full of night.
The sounds that fall on the earth
in succession have to die.
Among everything that perishes
his hand and head will be
like the loneliness of leaves,
which no love can join.

When his hand falls to the earth
it will be like any leaf
that does not know the flight it follows,
that does not know what winter
brings, the fugitive returns
towards some other Springs.
He will has forgotten his memories
names and dreams and rages.

He will be falling into nothing,
not less dead than in the day
that against himself would swear.
He will wander all the night
from the sloping hill to the mountain
without finding a hungry tomb
without finding any horizon
for this death, and so many others.

III

vengo a ser como metal que resuena,
o címbalo que retiñe.

Sólo que hubieses pensado
en las múltiples cosas
que son el amor.
Ese pájaro que vuela
sobre el embarcadero y que trae
en el pico un trino,
no es menos doloroso, menos infeliz
que la muchacha que en su casa espera.
No hay menos cólera, ni menos odio;
ni siquiera olvido
comparable a la soledad
de ese vuelo sonoro.

Alguien que te ama
y alguien que te desprecia
se nombran como tú.
Sólo que hubiese creído
en lo espantoso del amor,
en la sabiduría y el engaño.
Sólo que conocieras la piedad:
el deleite de la ironía.
No sabrías cómo puede
el amor ser generoso.
Alguien que te ama
olvidó escribirte,
pero se apoya en la ventana
de un hotel y piensa
en ti que no estás en las sábanas.
Piensa cómo serías.
Algún desconocido te imagina.
Siempre te han esperado.
¡Apresúrate!

III

I am only a resounding gong
or a clanging cymbal.

If only you had thought
about the multiple things
that is love.
That bird that flies
over the harbour
and brings a chirrup in its beak
is not less sorrowful, less unhappy
than the girl who waits at home.
There is not less anger, less hate,
not even oblivion
comparable to the loneliness
of that sonorous flight.

Someone who loves you
and someone who despises you
are name as you are.
Only if you had believed
in the frightfulness of love,
in wisdom and deceit.
Only if you had known pity,
the delights of irony.
You wouldn't know how it is
that love can be generous.
Someone who loves you
forgot to write to you,
but leans from a hotel window
thinking about you who are
not yet in between the sheets;
thinks how you must look.
Someone unknown dreams about you
They have always waited for you.
Hurry!

Nada sabías, nada que hubiese
sido para ti el amor.
Si tu amor fuera la esquina
de una ciudad de invierno
donde una pobre anciana
vendía ramos de olor.
Si tu amor hubiese sido
una estación de trenes:
fragor, humo y distancia.
Si esperara en el bar de los hoteles.

Podría ser tu amor lo que rechazas:
los nacimientos repentinos,
la prostituta, el jugador,
el vagabundo y la tristeza.
Bien pueden ser los muertos
o los que no han nacido todavía.

Si pensaras lo mucho que hay en ti
de las cosas que odias.
No eres menos feroz que el tigre
de los bosques: podrías saltar ahora
sobre tu propia imagen y tiemblas.
En todo lo que odias hay un poco de ti.

Si pudieras entender el amor.
Si lo acercaras.
El amor no es la piedad,
no es la sabiduría.
No es el engaño, la fatiga, el tedio.
Si tu amor no fuera dócil,
ni sencillo, ni tierno;
si no fuera colérico y fueras tú.
Igual al ferroviario
haces señales entre rieles
a la noche del tren;

You know nothing at all that would
have been like love for you.
If your love were a city corner
in winter where a poor,
old woman sold bouquets.
If your love had been
a central railway station:
the noise, smoke, and distances.
If it waited in hotel bars.

Your love might be what you refuse—
the unanticipated births,
the prostitute, the gambler,
the wanderer, the sadness.
It might even be the dead
or those not yet in life.

If you think how much there is in you
of the things you hate.
You are not less savage than
the tiger in the woods: you could leap
to rend your own image: you shiver.
In everything you hate
there is a little of yourself.

If you could understand love.
If you could get nearer to it.
Love is not pity,
still less it is wisdom.
It is not deceit, fatigue, tedium.
If your love was not docile,
not simple and no tender.
If it were not angry
and were you.
Same as a railwayman
you make signals from the tracks
to the night of the train;

igual que los mineros buscas
la noche de la tierra;
igual a los que buscan
en el mar la noche.
Oscuro como tú no importaría
si no fuera benigno, ni sufrido
y fuera sin razón como la cólera.

¿Pero cómo sería tu amor sin tus rencores?
¿Si no estuviera en ti, ni esperando
por ti, en los que te rodean?
¿Cómo quieres que sea?

Ciego como la mesa de los comedores.
En su amistad con las palabras, torpe,
tímido, vulnerable como la luz
en ciertos sitios que están en los recuerdos.
Un día en Sabanazo, donde se cambian trenes
y se almuerza. Aquél es pueblo para el día,
no tiene hoteles.
Como las tardes llenas de relámpagos
en la madera de tu casa.
Como los puertos, como los navíos.
Si sólo fuese el día amor, multiplicado amor.
Sólo que a tiempo hubieses comprendido
qué moría de ti, a quién matabas.

Era verdad
la casa era el lugar que amabas.
Todo lo olvidas, todo lo has perdido
Y ni siquiera en ti
hubo gestos de burla.
Tenías mucha soledad,
nada reconociste.

same as a miner you look
for the night in the earth;
same as those who look
for the night of the sea.
It would not matter you are obscure
if it were not kind, not patient,
but was as senseless as rage.

But what would your love be without your resentments?
If it were not in you, not waiting
for you in those who surround you?
How do you want it to be?

Blind as the dining room tables,
slow in its friendship with words,
shy, vulnerable as the light
in certain places that are in memory.
A day in Sabanazo where one changes trains
and maybe eat in that village for the day
where there are not hotels.
Like the afternoon full of flashes
in the wood of your house.
Like the doors and the ships.
If the day were love multiplied.
If you had understood in time
what was dying in yourself, who it was you killed.

It was true,
the house was the place you loved.
You forget everything, you have lost everything.
You didn't even possess
any gesture of scorn.
You were alone a lot,
recognising nothing.

La soledad
te fue enrollando
sólo,
como en un pozo
hasta la última oscuridad
y te dejó sin manos,
sin cabeza,
de espaldas a tu muerte,
frente a la muerte.

IV

y si entregase mi cuerpo
para ser quemado, y no tengo amor,
de nada me sirve.

Pero el traidor es el sin nombre,
para siempre desconocido.
Su madre no lo reconoce,
su padre lo puso en olvido.

No nacería donde yazga
ni flor de espino, ni aromada.
Se ausentarán la primavera,
los días de lluvia y el verano.

Nadie querría acompañarlo
cuando el viento le acorralara;
pavorosos y alucinantes
los sueños del desenterrado.

Ni cielos lisos de verano,
ni otoñales enmarañados
le servirían de techumbre
a quien nombran desmemoriado.

Loneliness
pressed you down
alone,
into a well
ultimate obscurity
left you without hands
without a head
back turned on your death
facing death.

IV

and surrender my body
to the flames, but have not love,
I gain nothing.

But the traitor is always nameless,
unrecognised for ever.
His mother does not recognise him,
his father forgot about him.

Where he lies will never will bloom
any thorny or perfumed flowers.
Spring, the days of rain,
and summer will be absent.

Nobody will keep him company
when the wind drives him on;
the dreams of the unburied
are frightful hallucinations.

The simple summer skies,
the complex autumn skies
will offer no shelter to
whoever is striped of memory.

Olvidó cómo abrir las puertas
y caminos que se cerraban.
Norte y Sur se le confundieron,
se le hizo noche la mañana.

Nadie quisiera recordarle
en canciones martirizadas,
nadie le ofrece sus plegarias,
ni se junta para nombrarle.

Silenciado como su nombre
que no supo aprender a amarlo,
lo amó su padre de herramientas,
lo amó su madre de labores.

El que anduvo entre tantas cosas
de ninguna aprendió deberes.
Aquí no vaga, ni se queda
inmóvil aquí, está perdido.

Repetiría lo indecible,
palabras malaventuradas;
pero mi boca nunca diga
que le desnombra al fugitivo.

No lo diga entre los ancianos,
entre los niños no lo diga.
Silenciaremos su memoria,
sus malas obras y destino.

He forgot how to open the doors
and the roads that closed.
He confused the North and South,
and morning turned to night.

No-one wishes to remember him
in the songs of martyrs;
no-one offers prayers
or joins with others to name him.

Silenced as his name
he never learned to love,
his father loved him among tools,
his mother loved him among labours.

He who moved among many things
learned responsibility from none.
Here he does not wander, nor can he
remain at rest, being lost.

I would repeat the unsayable,
the ill-omened words;
but my mouth never say
that that unnamed the fugitive.

Not say it among the old
among the children not say it.
We will silence his memory,
his terrible works and destiny.

V

Ahora vemos por espejos,
en oscuridad.

Cuando murió el traidor
fue como no volver,
como partir hacia ninguna muerte;
ningún tiempo o respuesta.
No rodó su cabeza,
quedó sobre la piedra
resbalando,
cayendo silenciosa en el vacío,
sin inocencia,
sin remordimiento;
resbalando
hacia el hambre
de la tiniebla.
Hacia su propio ser
sin sus recuerdos,
hasta ser sin estar
en casa
con la amistad,
con la pasión,
consigo mismo.
Hasta no ser.

V

Now we see but a poor
relfection.

When the traitor died it was
like not coming back
like leaving towards no death,
towards no time, no answer.
His head did not go rolling,
it remained on the stone
sliding
falling quietly into the emptiness,
without innocence,
without remorse;
sliding
towards the hunger
of shadow
Towards his own being
without his memories,
until being without existence
at home
with friendship,
with passion,
with himself.
Until not being.

VI

Ahora conozco en parte.

Sin distinción de voces,
de sonido incierto,
bárbaras a su oído y a su lengua
nada pudieron las palabras del amor.
Ignoraba cómo se perdía y se desentendió
de los asuntos de la vida pequeña
para hundirse en su infinita muerte.
No participará de la leyenda,
de la jornada de los siglos.
Nadie dirá su alabanza.
¿Querría alguien decir su vituperio?
Cuando murió el traidor
no fue ayer, ni mañana;
fue como no haber nacido o haber muerto
hace siglos.
Sólo supo que no había estado
en tiempo alguno y que recordaba
un paisaje de hielo, vasto y vacío
como el hambre de sus entrañas,
su corazón y su destino.

VI

Now I know in part.

Without distinction among the voices
of uncertain sound but barbarous
to his ear and tongue,
the words of love could do nothing.
He didn't know how he was losing himself, and he separated
himself from the entanglements of small living
in order to descend further into his infinite death.
He will have no share in the legend,
in the days, in the ages.
No-one will speak his praise
Will anyone speak his abuse?
When the traitor died
it wasn't like yesterday or tomorrow;
it was like not having been born
or having died centuries ago.
He only knew he had not been
in any time, and that he remembered
a landscape of ice, immense and desolate
as the hunger in his guts,
his heart, and his destiny.

Translated by John Gibson

EL GALLO DE POMANDER WALK
A Guillermo Cabrera Infante

I

Sé que en mi mismo han expirado muchas cosas.
Cuando las llaves de los cementerios me fueron entregadas
yo era un niño. Fue el instante elegido para ensuciar
la claridad del hombre. El instante de las quemaduras
    de la envidia.
El instante de los ardores de la cólera y la separación
de cólera y blasfemia: hay mucha hambre en las
    entrañas de los hombres;
hay mucho miedo, y cólera y blasfemia no pueden caber
    juntas.
Fue el instante en que mostré la lengua
y se me hizo entrega de una inscripción dorada para la frente.
Alcé los ojos para leerla y no vi nada. Había perdido
    la frente:
había perdido la imaginación y el pensamiento.
Estas cosas sólo son posible en la frente de un niño.
Ahora jamás podré abrir las puertas de los cementerios.

II

Esa misma tarde murieron en toda la ciudad
siete mujeres, catorce hombres, veintiún ancianos
(la muerte siempre estuvo programada), no murieron niños.
Las funerarias cumplieron sus deberes
Las sinagogas, los templos, las iglesias, las logias
    ofrecieron sus oficios.
Obituarios en todos los periódicos. Hubo visitas,
condolencias, flores, sudarios, carros fúnebres, responsos,
pero los muertos no fueron enterrados.
Frente a las puertas de los cementerios
quedaron los sarcófagos.
Yo les mostraba a todos la lengua

THE COCK OF POMANDER WALK

To Guillermo Cabrera Infante

I

I know that many things have died in me.
When the keys of the cemeteries were handed to me
I was a child. It was the instant chosen to soil
the clarity of man. It was the instant of the burns of envy.
The instant of the heat of anger and the separation
from anger and blasphemy: there is a lot of hunger
        in men's guts;
and there is a lot of fear, and no room for both
        anger and blasphemy.
It was the instant I stuck my tongue out
and I was given a gilded inscription for my forehead.
I raised my eyes to read it and I saw nothing. I had lost
        my forehead.
I had lost imagination and thought.
These things are only possible in a child's forehead:
Now I shall never be able to open the gates of the cemeteries.

II

That afternoon in the whole city
seven women, fourteen men; twenty one elders died
(death was always programmed); no children died.
The mourners went through their duties.
The synagogues, temples, churches, lodges, all offered
                their services.
Obituaries in all the newspapers. There were visits,
condolences, flowers, sudariums, funeral wagons, and chants,
but the dead were not buried.
The coffins remained
outside the cemetery gates.
I stuck my tongue out at all of them

y me condecoraron con medallas doradas.
Entonces quise verlas, pero no vi nada. Había perdido
mi camisa y mi pecho:
había perdido la alegría y la tristeza.
Estas cosas sólo son posible en el corazón de un niño.
Ahora jamás los muertos podrán ser enterrados.

III

Aquella noche era la última noche del tiempo.
Era la última peregrinación de los alucinados de los
casinos, de la prostitución, los institutos y los gimnasios.
Era la noche de los embriagados y de los danzantes,
de los fornicarios que tantas veces vieron amanecer.
Sólo yo estaba vivo esperando a mi adversario.
Yo sentado a las puertas de los cementerios,
y allá afuera en la calle mi adversario.
Cuando lo vi venir me tentó la memoria,
pero ya no tenía lengua.
Ahora jamás descansarán los muertos.
Sentía como yo mismo inflamaba mi vientre;
si estallara perdería mi último juguete.
Todos los apetitos no caben en mi vientre,
mi lengua se deshizo en la retórica
y en la ociosidad. Niño que gastaba
su cuerpo frente a los cementerios.
Creció mi vientre hasta la madrugada
y mi adversario allá sin acercarse.
Ahora jamás despertarán los muertos.
El hombre que me absuelve y me condena,
mi adversario, atenderá las voces de los ángeles
y la mía no es voz de encantadores.
Ahora jamás los muertos temerán al Juicio.
Ahora jamás los muertos en coro declamarán su parte;
la danza y la embriaguez no son recursos suficientes
para que mi adversario y yo hagamos confesiones patéticas.

and they decorated me with gilded medals.
So I wanted to see them but I saw nothing. I had lost
my shirt and my chest:
I had lost joy and sadness.
These things are only possible in a child's heart.
Now the dead will never get buried.

III

That night was the last night of time.
It was the last pilgrimage by the hallucinated of casinos
of prostitution, of institutes and gymnasiums.
It was the night of the drunkards and the dancers,
the fornicators who saw so many dawns.
Only I was alive waiting for my adversary.
I sitting at the gates of the cemetery
and there my adversary, outside in the street.
When I saw him come memory drew me, but now
I had no tongue.
Now the dead will never rest.
I felt how I myself inflamed my belly,
if it exploded I would lose my last toy.
All the appetites would not fit in my belly,
my tongue was destroyed in rhetoric
and in idleness. Child who wasted
his body in front of the cemeteries.
My belly kept on growing till dawn
and my adversary still there, not coming nearer.
Now the dead will never wake again.
The man who absolves me and condemns me
my adversary will listens to the voices of angels,
and mine is not the voice of enchanters.
Now the dead will never fear the Judgment.
Now the dead in chorus will never speak their part:
dancing and drunkeness are insufficient reasons
that my adversary and I should make pathetic confessions.

IV

Frente a las puertas de los cementerios cantaba
jugando con mis genitales.
　　　Si tu y mets la patte,
descubrí que había perdido el vientre y cantaba:
　　　Il n'y mit pas la patte,
descubrí que no era yo quien cantaba. Un niño que
ha perdido su frente, su corazón y su lengua no puede
　　　cantar,
el canto sólo es posible cuando se poseen estas cosas.
　　　La bergère en colère.
Miré a mi derredor y no encontré sino a mi adversario.
Había perdido mis genitales. Había perdido la santidad.

V

Fue aquel instante, en que vi a mi adversario y en sus
manos las llaves que abrían las puertas de los cementerios,
el instante de mi absolución.
¿Qué haría sin mi miedo?
Quise estrechar su mano desdeñosa, pero mis ojos
estaban hartos de perecer y se volvieron a dormir.
Mi adversario fue mucho más feliz, es cierto, despreciaba
vivir. Cantaba en un país de nieves agrias.
Conservó con su vida la inocencia. ¡Oh, espantosa
　　　hermosura!,
déjame, ahora, hambrienta, a tus pies hacer ruidos de
　　　animal expiatorio.
Estoy en ti, el tiempo no me incluye.

IV

In front of the cemeteries gates I sang
playing with my genitals
        Si tu y mets la patte,
I discovered I had lost my belly and I sang:
        Il n'y met pas la patte,
I discovered it was not I who sang. A child
who has lost his forehead, his heart and his tongue,
is not able to sing,
song is only possible when you have these things.
        La bergère en colère,
I look around and found only my adversary.
I had lost my genitals. I had lost holiness.

V

That instant in which I saw my adversary and in his hand
the keys which opened the gates of the cemeteries,
that was the instant of my absolution.
What would I do without my fear?
I wanted to seize his contemptuous hand, but my eyes
were tired of dying and they returned to sleep.
Certainly my adversary was much happier, he
despised living. He sang in a country of bitter snows.
With his life he preserved innocence. O terrible
        frightful beauty!,
let me hungry now at your feet make the noise of
        a sacrificial animal.
I am in you. Time does not include me.

VI

"Es la última noche."

Era la voz de mi adversario. Recordé que había perdido la frente,
el corazón,
la lengua,
el vientre y los genitales.
Había perdido todo lo que me hacía abominable.
—"Es la última hora"—
Entonces quise ser de nuevo, pero ya no sería,
había perdido la acritud, la apatía y la violencia.
Había regresado a estar, para quedarme.

VII

Los que regresan pierden la memoria.
Óyeme bien, este no es el lugar para que conversemos.
Te digo que sé poco: no conocí a los hombres.
Siempre estuvo de prisa mi corazón.
Puedo citar las cosas que aprendí.
Los santos tienen el corazón lleno de engaño.
Los criminales y los vagabundos
poseen una ternura que amedrenta.
Los sinrazón y los posesos
conocen la verdad.
Los lúcidos,
—teme al hombre prudente—
son amadores de la cobardía
y se entregan a las grandes conquistas.
Huye de los que gozan de prestigio público,
de los que aman la generosidad.
Cuídate de los castos, pregonadores de la hipocresía.
Abomina de los que lloran, los mansos,
los misericordiosos, los pacificadores
y los pobres de espíritu.
Te digo que ellos son la miel de la tierra.

VI

"It is the last night."

It was my adversary's voice. I remembered that I had lost forehead,
heart,
tongue,
belly and genitals.
I had lost everything that made me loathsome.
—"It's the last hour"—
Then I wished to be again, but could not be;
I had lost bitterness, apathy, and violence.
I had returned to existence, to stay there.

VII

Those who return lose memory.
Listen well, this isn't a place we can talk in.
I tell you I know little: I didn't know men.
My heart was always in a hurry.
I can recite the things I learned
The saints have hearts full of deceit.
The criminals and hoboes possess
a tenderness that frightens.
The madmen and possessed
know truth.
The lucid
—fear the prudent man—
are in love with cowardice,
and devote themselves to vast conquests.
Fly from those who enjoy public favour,
from those who love generosity.
Beware of the chaste, preachers of hypocrisy.
Despise those who mourns, the weak,
the pitiers, the peacemakers
and the poor in spirit.
I tell you they are the honey of the earth.

Yo no sé nada,
los que regresan pierden la memoria.

VIII

El que regresa todo lo ha olvidado.
En Christopher Square asiste
al acto que proclama
esta plaza:
La *Nueva Elia Capitolina.*
La solemnidad de los dioses es infrecuente
(los carniceros, los boticarios, los oficinistas
tiemblan y se comportan como los griegos muertos).
Las *queens* y las *fairies*
durante horas ofrecen discretas sugerencias.
Adriano el justiciero dicta las nuevas leyes
(Plotina, que es corista, no quiso ser su amante).
Adriano lee un pergamino
que prohíbe circuncidar la carne del prepucio.
Adriano regresa de la guerra y encuentra
que la guerra no hizo bien su trabajo:
los judíos son muy perseverantes.
El siempre quiso ocupar el primer puesto y Plotina
que es lesbiana lo desdeñó por sus ineptitudes.
En Christopher Square
han comenzado a levantar las Arenas de Nimes.
Las fairies discuten sobre el origen y la procedencia
del reformador. Afirman
que su madre fue por los años veinte
una celebridad, hermana y mujer de un emigrante europeo.
Nunca viajó s Cilicia con sus amantes
y el cáncer que le mordió en un seno arruinó su
        destreza.

I know nothing,
those who return lose memory.

VIII

He who returns had forgotten everything.
In Christopher Square he witnesses
the act which proclaims
this square
the *New Aelia Capitolina.*
The solemnity of the gods is infrequent
(The butchers, the chemists, the office workers
tremble and behave like dead Greeks).
The queens and the fairies
for hours offer discreet suggestions.
Hadrian the Law Giver dictates the new laws
(Plotina, who is a dancing-girl, wouldn't become his mistress).
Hadrian reads a parchment
which prohibits the cutting of the prepuce's flesh.
Hadrian returns from the war and finds
the war hasn't done its job properly:
the Jews are very persevering.
He always wanted to be in the first place and Plotina,
who is lesbian, despises his ineptitude.
In Christopher Square
they have begun to raise the Arenas of Nimes.
The fairies discuss the origins and source
of the Reformer. They affirm
his mother was a celebrity in the twenties,
sister and wife of an emigrant from Europe.
She never traveled to Cilicia with her lovers
and the cancer that gnawed her breast ruined
      her skill.

Es cierto que el administrativo, constructor
y viajero Hadrianus, se fue a la guerra.
Obtenía sus ascensos después de medianoche.
Escalaba rápidamente:
de recluta a cabo
cuando el teniente pasó lista a la tropa;
de cabo a capitán, cuando fue recomendado al sargento.
Y en una casa de celestinaje, conoció al general.
Después en los baños turcos y en los urinarios
conoció otras personas influyentes.
De ningún modo morirá el día 12 de junio del año 138,
ni volverá a nacer el 14 de enero del año 76.
Ahora por las tardes acude a ciertos bares.
Antinoo, que cumplió doce años y que no ha terminado
la escuela elemental, lo acompaña a los baños
y a la cama.

IX

El que vuelve no puede recordar.
De tal modo desprecia la muerte
que iba desnuda a enfrentar su adversario.
Nunca quiso adoptar armas defensivas.
En su cuarto quedaron vencidos muchos bárbaros.
Ella se propuso —con éxito— las ciencias.
Y sus conocimientos numismáticos
le sirvieron para viajar a Europa, comprarse un Cadillac,
tener un piso en el East Side
y una cuenta en el banco.
Nunca consultó cartománticas
En Avignon le hicieron un aborto, pero Londres
y Nueva York no le fueron propicios.
En la cama su memoria dulcemente cantaba:

Sur le pont d'Avignon
L'on y danse tout en rond

It's certain that *Hadrianus*,
the administrator, the builder, the traveler went to war.
He obtained his promotions after midnight.
He rose rapidly
from private to corporal
when the lieutenant reviewed the troops;
from corporal to captain, when he was recommended to
            the sergeant.
He met the general in a maison de rendez-vous.
Afterwards in Turkish baths and urinals
he made the acquaintance of other influential people.
In no case will he die on June 12th of the year 138,
nor will he be born again on February 4th in 76.
Most afternoons he's in certain bars.
Antinous, who is just twelve and hasn't finished
elementary school, yet accompanies him to the baths
and to bed.

IX

He who returns is not able to remember.
So much did she despise death
that she went naked to meet her adversary.
She never wanted to adopt defensive weapons.
Many barbarians were vanquished in her bedroom.
For herself she proposed —with success— the sciences.
And her knowledge of old coins helped
her to travel in Europe, buy a Cadillac,
rent an apartment on the East side,
and start a bank account.
She never consulted fortune-tellers.
In Avignon there was an abortion, but London
and New York were not favorable to her.
In bed her memory sang sweetly:

>   *Sur le pont d'Avignon*
>   *L'on y dance tout en rond*

En la cama hábilmente a sus opositores inquiría:
¿Quién es el ser dotado de una sola voz...?

Les beaux messieurs font comme ça
Et puis encore comme ça

George que estuvo visitándola por dos años
un día le hizo serias confesiones: Había
abandonado su casa de Mamaroneck
porque soñó que mataba a su padre
y él y su madre iban a Atlantic City a pasar el verano.
Ella que siempre despreció la muerte,
desnuda se lanzó por la ventana.
En el Bellevue Hospital no fue identificada.
Ella instituyó entre los de su clase el enigma.

X

El que ha
perdido la memoria y está de vuelta
diría
que se estudien las ceremonias y las categorías
de los dioses
para que no les falten aduladores
Lambrakis
poderoso con sus sillas
donde sienta la muerte amortajada en el Village.
Con sus adolescentes viciosos coléricos meditabundos
sus niños aterrados y sus mujeres solitarias en los parques
Lambrakis y sus negras profesionales
y sus negras exhibicionistas y sus negras sofisticadas
Lambrakis
conoce las calles más conmovedoras
las calles más desnudas de la ciudad.
Lambrakis salta
gritando fuego gritando peste
para que todas las mujeres aborten
y se promulguen leyes para la castración.

In bed she cunningly enquired of her opponents:
"Who is the being gifted with a sole voice. . . ?"

Les beaux messieurs font comme ça
Et puis encore comme ça

George who visited her for two years
made a serious confession one day:
He has fled his house in Mamaroneck
because he dreamt he was killing his father
and he went with his mother to spend the summer in Atlantic City.
 She who had always despised death
threw herself naked from a window.
She couldn't be identified in Bellevue Hospital.
She instituted among those of her class the enigma.

X

He who has
lost memory and has come back
would say
let the ceremonies and categories of the gods
be studied
that they may not lack worshippers.
Lambrakis
powerful with his chairs
where shrouded death sits in the Village.
With his vicious angry thoughtful adolescents
his terrified children and lonely women in the parks.
Lambrakis and his professional negresses
his exhibitionist negresses his sophisticated negresses.
Lambrakis
knows the most moving streets
the most naked streets of the city.
Lambrakis leaps
shouting fire shouting plague
so that the women abort
and laws are passed to compel castration.

Así se contendrán los adúlteros y los contenciosos
    de la carne
(Este es un día cualquiera de 1955)
Ginsberg
tus recuerdos nada te retribuyen
Vigila en tus bolsillos el sucio apestoso a sudor y semen
certificado médico
El policía querrá acostarse contigo
querrá que le des dinero
(Este es un día cualquiera de frío).
Si te molestan sabes cómo se les convence.
Haces añicos el certificado y tendrán que darte otro
(Así no se combate al Capitalismo es cierto no se le
derroca pero haces aullar la prostituta y haces
aullar al joven que la paga y a las chinches y a los
piojos y a la cama de hierro y a las paredes sucias de saliva).
En la calle 27 y Broadway
está el laberinto de las ratas.
aquel no es un santuario
donde se ofrezcan novillas expiatorias
para Venus es un resumidero.
En el *Moroccan Village* exhiben entre otros abortos
de este siglo a Popeye
con sus setenta años de arrastrar la lengua
de mover la lengua
de pintarse la lengua que babea como la verga enferma
de un buey (las *fairies* parecen conmovidas).
Ginsberg
no te deshagas de ese certificado
que te permite aullar mientras orinas o te masturbas
en las calles
Todo ángel es terrible
alguien cerca de mí en Port Chester escupe y dice
que eres un puerco judío que odias a América
(Este es un día cualquiera de 1956).

So the adulterers and the coveters of the flesh
        would restrain themselves
(this is any day in 1955)
Ginsberg
your memories restore nothing to you.
Guard in your pockets the dirty stench of sweat and semen
medical certificate.
The cop will want to go to bed with you
will want you to give him money
(this is any cold day).
If they bother you you know how to convince them.
You shred the certificate and they'll have to give you another.
(It is true you don't fight Capitalism like this you don't destroy
it but you make the whore howl
you make the young man who pays her howl and the bugs
and the worms and the iron bed an the walls dirtied with saliva).
The labyrinth of rats is
on 27ᵗʰ street and Broadway.
It's not a sanctuary
where penitent calves can be offered
to Venus it's gutter.
In the *Moroccan Village* they exhibit among other abortions
of this century Popeye
with his seventy years of tongue-dragging
of moving the tongue
of painting his tongue which babbles like the sick
cock of an ox (the fairies look moved).
Ginsberg
don't mislay that certificate
that lets you howl while your urinate or masturbate
in the streets
Every angel is terrible.
someone near me in Port Chester spits and says
you are a Jewish pig who hates America
(this is any day in 1956).

Yo viajo de Manhattan a Rye todo los días
sirvo de camarero en un Club
para gentes que el empresario
del *Ringling Bros*
no considera
suficientemente
rara para su circo.
(Oh podría decirte cómo andan otras cosas que tú
    ignoras pero estoy muerto).
He jugado al poker toda la noche en un sótano soñando
bebiendo con la rozagante Lady Worm recitándome algunos versos

> *"Exposing what is mortal and unsure*
> *To all that fortune death and danger dare*
> *Even for an eggshell"*

Ginsberg
a veces me siento tentado como tú
a aullar en Harlem en el West Side
en el Lower East Delancey Riverside
y Washington Heights
Aullar de tal manera que el Internacional Who's Who
—Rockefellers Schwabs Windsors y sus semejantes—
vayan al sótano de exquisiteces de George H. Shaffer's
y encuentren en sus cuatro gigantescas neveras
la carne de las *fairies* y las *queers* de las *cats*
de los adictos a drogas y al crimen tarifado
monarcas de las aberraciones
y allí encuentren la carne
de los buscavidas
de los muelles y las calles del Bowery
bebedores sucios olientes a esperma
y excremento y orina
y coman de la carne pálida de las muchachas
que atienden el teléfono desnudas
y trafiquen entre ellos con lenguas senos y genitales
ellos los comedores de chochaperdices de Inglaterra
y cervatillos nonatos y jabalíes de África.

I travel everyday from Manhattan to Rye
I work as a waiter in a Club
for people the boss
of Ringling Brothers considers
insufficiently
weird
for his circus.
(Oh, I could tell you how it is with other things
you know nothing about but I am dead).
I've played poker all night in a basement dreaming
drinking with the ravishing Lady Worm reciting verses

> "Exposing what is mortal and unsure
> To all that fortune death and danger dare
> Even for an eggshell"

Ginsberg
at times I feel myself tempted like you
to howl in Harlem in the West Side
in Lower East Delancey Riverside
and Washington Heights.
Howl in such a way the International Who's Who
—Rockefellers Schwabs Windsors and their like—
would go to the delicacies basement of George H. Shaffers
and find in its four giant iceboxes
the flesh of *fairies* and *queers* and *cats*
and drugs addicts and small time crooks
the monarchs of aberration
and find there the flesh
of the hustlers
of the docks and the streets of the Bowery
dirty drinkers smelling of sperm
and excrement and urine
and eat the pale flesh of the girls
who waits naked by the telephone
and trade among themselves with their tongues, breast and genitals
they the eaters of English pheasants
small unborn fawns gazelles wild boars of Africa.

No es la muerte es la tienda de fruta

Aullaría en las esquinas
pero yo no soy América.

XI

Leo a los clásicos
son las 6:12 am estoy en el andén 102 de la Grand Central
no quiero saber nada de esta inmortalidad
nada me hace llorar.
El Port Chester Local llega tarde
llega lleno de una respiración servil
El conductor arisco
se pasea arrancando
el óbolo que llevan debajo de sus lenguas
los que entran en el tiempo inabarcable.
No quiero saber nada de esta inmortalidad.
Esta gritando Mt Vernon
y los pasajeros se repliegan en la visión.
Yo escribiría el Testamento de los Doce Apóstoles.

Está lloviendo y él grita Columbus Avenue
con esa indecisa lentitud
mientras yo leo el Apocalipsis siríaco de Peruc.
Cuando empiece a nevar llegaremos a Pelham
y yo habré concluido el Libro de los secretos de Henoc.
Debajo de los árboles en la estación de New Rochelle
están tus ojos mirándome,
el llanto que aparece en tus ojos
es como el libro apócrifo de Ezequiel.
En Larchmont hay una casa iluminándose
hay prados invisibles
y sombras que descienden y miran miran miran.
Alguien ha abierto una puerta
en Mamaroneck para que nadie salga.
Cuando haya terminado la guerra
Harrison será nuevamente un pueblo con sus madres

It's not death it's a fruit stall

I would howl on the corners
but I am not America.

XI

I read the classics
its 6:12 and I am on Platform 102 in Grand Central
I don't want to know anything about this immortality
nothing makes me weep.
The Port Chester local arrives late
it arrives full of servile respiration.
The harsh conductor
walks around extracting
the obolus that is carried under the tongue
of those who enter the irreversible flow.
I don't want to know anything of this immortality.
He is shouting Mt. Vernon
and the passengers squeeze into the vision
I would write the Testament of the Twelve Apostles.

It's raining and he shouts Columbus Avenue
with his indecisive slowness
while I am reading the siriacan Apocalypse of Peruc.
When it starts to snow we'll get to Pelham
and I'll have finished the Book of the secrets of Henoc.
Under the trees in the station of New Rochelle
your eyes are watching me,
the weeping that appears in your eyes
is like the apocryphal book of Ezekiel.
In Larchmont a house is illuminated
there are invisible meadows
and shadows that come down and look look look.
Someone has opened a door
in Mamaroneck so nobody comes out.
When the war's over
Harrison will be a town again with its mothers

que tejen y sus padres que van
diariamente a sus negocios mientras tanto
visitan el cementerio.
Hemos llegado a Rye
nuevamente he olvidado no sé adonde seguir
si al muelle o a la puerta que se ha abierto
detrás de mí.
Allí nadie me espera.

XII

El que regresa de los huesos trajo
Una flauta y un poema de Sácadas
(Los juegos píticos se han interrumpido).
Una de las tres heroidas de Sabino
(Los imitadores perdieron su prestigio).
Y el bastón con los ojos de Tiresias
(Las desposadas jóvenes fueron ofrecidas
A Hera y los muertos a Zeus).
Todo lo di a mis huesos y no oí que cantaran.
Vuelvo de su blancura sin asombro
Vuelvo de su dureza sin rencores.
Nadie quedó en mis sueños
Nadie me acecha no me reconocieron
En la calle llena de distancias.

Os entrego las llaves de los cementerios.

Escribiré a mi casa
(La encargada me mostró el frasco de arsénico
—una gota es suficiente y evitaremos otro aborto—).
La mujer está en el cuarto aullando
Está diciendo que va a llamar a la policía
Si no le sacan pronto esas pinzas.

who sew and its fathers who go
daily to their businesses while
they are visiting the cemetery.
We've got to Rye
I've forgotten again and don't know where to go
whether to the dock or to the door that has been opened
behind me.
Nobody waits for me there.

XII

He who returns from the bones brought
a flute and a poem of Sacada
(The Pythian Games have been interrupted).
One of the three Heroids of Sabinus
(The imitators lost their prestige).
And the stick with the eyes of Tiresias
(The young married girls were offered
to Hera and the dead to Zeus).
I gave everything to my bones and I didn't hear what they
       were singing.
I returned to their whiteness without astonishment
I returned to their whiteness without rancor.
No one remained in my dreams
No one spies on me, no one recognized me.
In the streets full of distances.

I hand the keys of the cemeteries over to you.

I'll write home
(The landlady showed me the bottle of arsenic
—a drop is enough and we won't have another abortion—).
The woman is in the room howling
She's saying she's going to call the police
if they don't take the forceps out soon.

Está gritando porque cree que se quedará sin ovarios
(La encargada me dice que ella no irá a la cárcel
        por esa perra).
Yo no tengo cuarto
La mujer está tendida en mi cama.
La sangre y la mujer y la cama
La encargada atiende misa todos los domingos
        y fiestas de guardar.
La encargada me pide que ruegue por los pecadores
Que ruegue por la mujer
Que ruegue por la encargada
Que ruegue por los fetos
Y las pinzas y las inyecciones.
Escribiré a mi casa para decir
Que la encargada es una gran mujer
Y que yo la amo y que me gustaría
Arrancar con mis manos el feto
Para que la mujer que está en la cama
No se desangre.
Y para que siga yendo a misas la encargada
Os entrego otra llave.

XIII

Yo no quiero llorar.
Quemen todas sus cosas sus espejuelos y sus ajustadores
Y el delantal que compró en una ganga en Macy's.
Era nuestra vecina y conversaba poco
Pero todo el invierno estuvo cuidando
La sarna de una perra mientras su compañero
Traía gente a su casa.
Ahora que la perra está muerta
Y el otro está en la cárcel
Quemen todas sus cosas el lápiz de las cejas
Y su creyón de labios.
Yo no quiero llorar.

She's screaming because she thinks she'll have
      no more ovaries
(The landlady tells me she won't go to jail
      for that bitch).
I don't have a room
The woman is stretched out on my bed
The blood the woman and the bed
The landlady goes to church every Sunday and holyday.
The landlady asks me to pray for sinners
to pray for the woman
to pray for the landlady
to pray for the foetus
and the forceps and the injections.
I'll write home to tell them
the landlady is a fine woman
and I love her and I would like
to drag out the foetus with my own hands
so that the woman in my bed
doesn't bleed.
So that the landlady keeps on going to masses
I hand another key over to you.

XIII

I do not wish to weep.
Let everything of hers be burned her glasses her brassieres
and the apron she bought in Macy's sale.
She was our neighbour and talked little
but all winter she looked after
the mange of a bitch while her companion
brought people to the house.
Now that the bitch is dead
and the other is in prison
let them burn all her things her eyebrow pencil
and her lipstick.
I do not wish to weep.

Las otras llaves guárdenlas
No diré nada más
Vuelvo a los huesos.

XIV

El que regresa todo lo ha olvidado.
Los que han muerto
No quisieron darnos como promesa
Sus últimas palabras.
Frente a los cementerios estuve besándoles
Las bocas muertas y no quisieron darme
Sus últimos suspiros.
¿Vivirán estos huesos?
¿Quién pondrá nervio y piel sobre estos huesos?
¡Hijo del hombre lávalos y vístelos!
Sobre la cama
Centelleaban los huesos
Cubrían mi desnudez
Blancos ardían
Y no oí que cantaran.
Dejé blancas las lágrimas
Dejé blancos mis besos en las sábanas
Y no oí que cantaran.
¡Hijo del hombre cúbrelos de llanto!
Vuelve en cuarenta días
Vuelve en cuarenta noches
Y encontrarás los huesos apagados.

Keep the other keys
I will say no more
I return to the bones.

XIV

He who returns has forgotten everything.
Those who died
Did not want to give us their last words
As a promise.
In front of the cemeteries I kissed
The dead mouths and they wouldn't give me
Their last breaths.
Shall these bones live?
Who will place nerves and skin upon these bones?
Son of man, wash them and dress them!
On the bed
The bones glittered
They covered my nakedness
They burned white
And I didn't hear them sing.
I left my tears white
I left my kisses white on the sheets
And I didn't hear them sing.
Son of man, cover them with tears!
Return in forty days
Return in forty nights
And you will find the bones silent.

Translated by John Gibson

POEMAS APÓCRIFOS DE ADRIANO

Danae
    (En un cuaderno de Antinoo)

A Zeus

Te imagino, fragancia.
Sol que asombre mi cuerpo
(sueño, divago,
no hablaré de los muertos).
En un país pequeño estoy,
tan próximo a mí misma
que soy su cielo,
su primera rosa. Ahora ven
 y violenta mi brevedad.

A Perseo

Más que mi carne, óyeme:
Él es de imaginación
y cabellos, ralo.
Le reconocerás por su apariencia:
ordena sus vestidos a Brooks Brothers
y sus equipos deportivos
en Abercrombie & Fitch.
Frecuenta cierto nombres, sus
ídolos de museo:
Morgan, Villard y Tiffany.
Más que mi instinto, óyeme:
él es mediocre.
Él tiene un fragmento en los discursos.
Tiene una frase en la escena
La condescendencia de los simuladores.
El prevé pero no acierta.

APOCRYPHAL POEMS OF HADRIAN

Danae
   (In one of Antinous' notebooks)

To Zeus

I imagine you, fragrance.
Sun that amazes my body
(I dream, I wander,
I will not speak of the dead).
I am in a small country
so near to myself
I am its sky,
its first rose. Come now
to violate my brevity!

To Perseus

More than my flesh, hear me:
He is in imagination
and hair, wanting.
You'll recognise the way he looks:
he orders his clothes at Brooks Brothers
and his sporting outfits
at Abercrombie and Fitch.
He frequents certain names,
his museum idols:
Morgan, Villard and Tiffany.
More than my instinct, hear me:
he is mediocre.
He has a fragment on speeches.
He has a sentence on the stage
The condescension of the imitators.
He foresees but does not succeed.

Ha hecho reemplazar
el bárbaro Jardín de la Plaza Madison,
que erigió en tiempos de Stanford White,
por el melancólico
New York Insurance Company.
Él no tiene ideas pero es perseverante.
Su cabeza es innoble,
rala de cabellos y de imaginación.

A Acrisio

Huele menos a viejo
Acrisio,
las moscas han dejado sus huevos
en tu voz. Asco, mendígale
la lengua del Oráculo. Maldicientes,
asístanles a la hora en que los piojos
abandonen su cuerpo
y los gusanos venga a limpiarle la piel.
No volverás al masaje ni a los baños
del New York Athletic Club.
Cuando las prostitutas te froten
la calva con aceite de almendras
y con tintura de benjuí, y la coloquen sobre tus hombros;
cuando te hayan lavado los sobacos con agua y con jabón
de azahar.
Entonces, apestarás, viejo idiota.
Que se pudran tus huesos;
que se pudran tus dedos gastados por el papel moneda y la saliva.
Las semillas turcas de sésamo
ya se acabaron para ti, viejo Rey de Manhattan,
los brotes de bambú chino, pasas de Weisbaden,
caviar ruso,
chiquita bonita banana,
ya se acabaron para ti.
Viejo de los comedores exquisitos;
de los hoteles exclusivos, púdrete.

He has replaced
the barbarous Madison Square Gardens,
he built in the days of Stanford White,
with the melancholic
New York Insurance Company.
He has no ideas but is persevering.
His head is ignoble,
in imagination and hair, wanting.

To Acrisio

Stinks less of an old man,
Acrisio,
the flies have left their eggs
under your tongue. Disgust, withhold from him
the Oracle's voice. Slanderers,
help him in the hour when the lice
abandon his body
and the worms come to clean his skin.
You'll never return to the massage and baths
of the New York Athletic Club.
When the prostitutes rinse your scalp
with almond oil
and carmine dye and place it on your shoulders;
when they have washed your armpits with water
                and orange scented soap.
O then you'll stink, old idiot.
May your bones rot;
may your fingers worn by paper money and saliva, rot.
Turkish sesamo seeds are finished
for you, old King of Manhattan,
shoots of Chinese bamboo, Wiesbaden raisins,
Russian caviar,
chiquita bonita, banana,
are all finished for you.
Old man of exclusive dining rooms;
of Luxury hotels, rot.

Se acabaron el cricket, el golf;
las coristas, los mares del Sur,
las Indias Occidentales.
Viejo mamador, visitante de meaderos, púdrete,
hipotecario y prestamista, púdrete.
Púdrete ya,
proclamador del Armagedón.

Antinoo

De un manuscrito de Adriano

Yo no quería preguntarme nada.
No quería saber.
Mi condición sería vivir
eso que llaman vida,
y nada más.
Pero soy y no era lo que fluye.
Cuando es el viento, ando
uno y continuo: a veces
lo que llora
y otras veces el canto, no
la boca revertiente
donde era en todo, todo
menos lo que pasa.
Yo no quería ser y soy un río.
No quería ser continuo y ando
en lo que pasa.
Quise la vida múltiple
que perece y engendra
y soy una ciudad.

Croquet and golf are finished for you;
and chorus girls, the South Seas,
the West Indies.
Old slob, visitor to urinals, rot;
mortgager and money-lender, rot.
Once and for all,
proclaimer of Armageddon, rot!

Antinous
From a manuscript of Hadrian

I do not wish to interrogate myself.
I did not wish to know.
My condition would be to live
that which they call life,
and nothing more.
But I am and was not that which flows.
When there is wind I walk
single and continuous: at times
that which weeps
and other times song, but not
the mouth returning all
to where it was in all:
less than that which happens.
I did not wish to be and am a river
I did not wish to be continuous and I walk
through that which happens.
I wish for that multiple life
that perishes and engenders
and I am a city.

Translated by John Gibson

Plotina
A Virgilio Piñera

Mira, yo sé que no desaparece.
Se ausenta, sí, en los sueños,
disuelto,
y vuelve a ser deseo indefinido.
Yo, corista del Music Hall, Plotina,
un triste espectáculo
para el posible goce:
ojeras, postizos en los senos
y las caderas.
Postizos en el pelo
y en la boca, todavía
diestra, capaz de hacer prodigios:
voy a ser castigada.
Mi peligro es haber sido
hipocondríaca
y haber conservado el espíritu
de otros tiempos.

Trajano
Testamento

Cantar no es fácil, joven,
No es ceñir cada palabra al canto
y apretadas, echarlas a volar.
Muchas veces tropiezan, caen y ruedan.
Difícil es alzarlas una a una
sin resentir sus alas: animarlas
de un aliento distinto,
no siempre poderosos pero firme.
Y hacer que de ellas nazca la voz

Plotina
For Virgilio Piñera

Look, I know it does not disappear.
It absents itself, yes dissolves
in dreams
and returns to be indefinite desire.
I Plotina, the music hall dancer,
a sad spectacle
for any possible delight:
hollow eyes, false breasts
and false thighs,
false hair and false teeth
and yet still skilled,
still capable of marvels:
I am going to be punished.
My fault is to have been
hypochondriacal
and to have conserved the spirit
of other times.

Translated by John Gibson

Trajan
Testament

It's not easy to sing, young man.
It's not just to bend each word to the song
and, so pressed, launch them to fly.
Often they stall, fall, and break up.
It's difficult to raise them one at a time
without harming their wings; to breathe
life into them from a different breath
not always powerful but firm.
And to work that from them springs the voice

que el canto exige.
Joven, cantar es doloroso.
No confíes al acento del canto
su belleza: piensa que la tiniebla
y el silencio fueron primero.
Piensa que de ese encuentro
nacieron la palabra y lo que alumbra.

Sabina

Para mi siempre hubo
hombres de buena voluntad
que quisieran chantajearme.
El primero, mi padre.
Cuando niña el pastor me expulsó
del culto dominical.
No aprendí a rezar.
Me echaron de la escuela pública
y los muchachos en la plaza
se referían a mi como
morosa de intelecto
pero ligera de lengua y de cintura.
No hice carrera en el Dancing.
Serví, en la fuente de soda de Woolworth
y de acomodadora en los cines de Arte.
Me desnudé tantas veces y mi lengua
y mi cintura se fingieron tantas veces
inocentes
que perdí mi destreza.
En un hospital para convalecientes
escribo cartas a los muchachos
que mueren en las costas del Pacífico.
Como yo, no supieron desentenderse
de los chantajistas.

the song demands.
Young man, to sing is painful.
Do not trust the song's beauty
to its rhythm; think that in the beginning
were darkness and silence.
Think that from that meeting came
the word and everything it illuminates.

Translated by John Gibson

Sabina

Around me there were always
men of good will
who wanted to blackmail me.
The first, my father.
A child, the priest expelled
me from Sunday School.
I never learned to pray.
They threw me out of school.
In the streets the boys
spoke of me as one
who was dull witted but light tongued
and slim waisted.
I never got ahead in the dance hall.   .
I worked in a Woolworth's soda fountain
and then as usheress in art cinemas.
I stripped so many times and my tongue
and thighs pretended innocence
so many times
I lost my skill.
In a convalescent hospital
I write letters to the boys
who are dying on Pacific Coasts.
Like me, they never learned to get away
from blackmailers.

Del Predicador

En el aula

Hijos de tradición sumisa,
callaron. Callar no es el misterio
mayor de la inocencia.
Esclavos entre sí, tarde o temprano
hablarán oh muertos, muertos
vuestros secretos revelarán las fosas,
y todo cuanto calló prudente
la humana condición mortal,
los sepulcros dirán, se sabrá todo:
que eran hijos sumisos y callaron.

En el café

Nuestro mal
son esas palabras en las que nadie cree.
Antes de que la noche vuelva,
 vuélvelas a decir, confíalas a tu pecho
 que desafía las rondas del silencio.
 Confíalas *si* puedes al olvido,
 y acaso quedarán entre nosotros.

En la tribuna

Del bien os diré: sois buenos,
os amáis entre sí, confío
en vuestra voluntad de hacer el bien
y por el bien os amo.
Del mal nada os puedo decir:
entre vosotros, todo es bien:
vuestra conducta y opinión y credos.
Obedecéis al bien y andáis en sus caminos.

The Preacher

In the classroom

Sons of a submissive tradition,
they kept silent. Silence is not the mayor
mystery of innocence.
Slave among themselves, sooner or later
they will speak, O dead, and dead
the ditches will reveal your secrets,
and all who prudently kept silent on
the mortal human predicament
the graves will name, and will be known:
that they were submissive sons and kept silent.

In the café

Our evil
is these words nobody believes in.
Before night returns
say them again, confide them to your breast,
which distracts the circuits of silence.
Confide them, if you can, to forgetfulness
and perhaps they will remain among us.

At the tribune

Of the good, I'll tell you: you are good,
love each other, I trust
in your will to do good
and for this good I love you.
Of evil, I can tell you nothing:
among you, everything is good
your conduct, your opinions, your beliefs.
Obey the good and follow in its paths.

En el Senado

Por nuestro propio bien, ¡oídme!
¿Quién querría cantar sobre los muertos?
Y cantamos: los templos, las aceras,
los parques fueron antes de otros
que han muerto. Están en nuestra tradición.
Somos sus herederos.
Nadie defenderá lo que no tiene.
Por nuestro propio bien os pido
severidad para los asaltantes.
No participarán en nuestra tradición
pero conviene que heredemos de ellos:
los templos, las aceras y los parques.

Consigo mismo

Confío en todo lo que alcancé
con prisa.
Aquello que mi impaciencia rechazó
es grato a mis recuerdos
y de algún modo aún me pertenece.
Tal vez porque no puse gozo, fervor;
porque no puse furia y nada di.
Tal vez fue la contrario.
Para olvidarlo todo, prefiero
lo que huye, y fugaz vuelve,
sin elección a mi determinado
y pronto me deja
en paz conmigo mismo.

In the Senate

For our own good, hear me!
Who would wish to sing above the dead?
But we sing: the temples, the pavements,
the parks belonged once to others
who have died. They are in our tradition.
We are their inheritors.
No one will defend what he does not have.
For our own good I ask
severity for the aggressors.
They will not share in our tradition
but it is suitable we inherit from them:
the temples, the pavements, the parks.

By himself

I have confidence in everything I achieved
in a hurry.
That which my impatience refused
is pleasant to my memory
and in some manner still belongs to me.
Perhaps because I offered no delight, no energy:
because I offered no fury, gave nothing.
Perhaps it was the contrary.
In order to forget it all, I prefer
that which flies and fugitively returns,
destined to me, without choice,
which soon leave me
at peace with myself.

Translated by John Gibson

Allí Tornan de Nuevo

Contando viejos sueños,
fuera de mí, entre extraños;
aún veo, distraídos árboles,
semejantes
a otros árboles que alguna vez
cantaron entre perdidos pájaros.
Aún veo, con decidida
precisión la obra del tiempo.
Falsos y verdaderos hombres
y hechos, perdurables.

El Mismo Polvo

No moriría mi paciencia
infinita para amar, no moriría;
pero el amor borra con sangre
la voluntad de los sueños, pero el amor
borra con polvo la voluntad
verdadera del corazón.
Llega a morir de muerte verdadera.

Otro Suceso

Con mi propia avidez,
lo mismo que una sangre que se desgasta
y su arrepentimiento de tantos siglos,
estoy conmovido hasta el silencio,
nadie creería que no te muevo a compasión.
Ignoran que fui hecho más allá de mi mismo,
que fui hecho para contemplarte
y que soy por definición

They Come Again

Retelling old dreams,
distracted from myself, among strangers;
I still see absent trees
similar
to those which once
sang among the lost birds.
I still see with precious
precision the work of time.
False and true men,
and facts, enduring

The Same Dust

It will not die: no
my infinite patience for love will not die;
but love wipes out with blood
the will of dreams
but love wipes out with dust
the truest will of the heart.
Comes to die of true death.

Another Event

With my own greediness,
the same as a blood which wastes itself
and its repentance of so many years,
I am moved to silence;
no one would believe I do move
to compassion. They do not know
I was made to contemplate you,
and I am by definition

un nombre que tampoco recuerdas,
un rostro que has olvidado
para distinguir la bestia
que mi avidez alienta.
Puedes matar lo mismo que Dios puede;
morir temprano puedes también
pero con una voluntad combativa:
sin embargo, no puedes contra la bestia
que mi avidez alienta.

Don

Vino a mi puerta
y pidió asilo.
Ahora me arroja,
no confía en mi suerte.

En Lugar del Juicio

No confía en mis sueños:
A los pies de su tiempo está tendida,
debajo de la sangre.
En la calle
desnuda entre la gente,
entre aquellos que no creen
necesario vivir,
bebiendo.

a name you do not remember,
a face you have forgotten
in order to make out the beast
my greediness nourishes.
You are able to kill as much as God;
you are also able to die early,
but with your spirit unappeased;
nevertheless, you can do nothing against
the beast my greediness nourishes.

Gift

Came to my door
and asked for shelter.
Now throws me out,
No confidence in my luck.

In Place of Judgement

She does not trust my dreams:
she is stretched at the feet of her time,
beneath the blood.
In the street,
naked among the people,
among those who do not believe
living necessary,
drinking.

Potestad

No confía en mis acciones:
Llegó el día y yo estaba antes que el sol
afuera; aperos limpios, listos
Campo de todo, arduo
ciudad de la memoria y su contrario.
Devuelto, al mediodía, no dije
dónde estuve.
No me esforcé en agradarle, quiso
y yo hice lo contrario salí.
Aperos que se gastan, listos!
A la noche, comimos en silencio
y la ofendió que fuera el mismo:
Un hombre que trabaja.

Ven Ahora

No es que ésta sea tu hora,
ni que yo quiera dártela.
Yo no soy quien puede, así
como bestias por amansar,
entendámonos
En lucha no saciada, sin obligar
el alma, alguien
       que quiere ser,
              ahora.

Power

She does not trust my actions.
Day came and I was before the sun
outside; the clean, active implements!
Everything countryside, and arduous;
city of memory and its opposite.
Back at midday, I didn't say
where I'd been.
I did not try to please her, though she wished it.
I did the opposite, went out.
Implements being used up, so active!
At night, we ate in silence;
it offended her I was the same.
A man who works.

Come Now

Its not that this is your hour,
or that I wish to give it to you.
I'm not one who can perform
as a beast to be tamed.
Let us understand that.
But in unceasing struggle
without committing the soul
someone
             who wishes to be
                          now.

Ira que Reposa

Yo mismo no te conocería
en país de irás y no volverás.
Déjame caer en tentación, tú que puedes.
No me libres del fuego, ¡que arda!

En Vano Vino

Vi andar el sueño y perecer.

De la Vanidad

Hacías una discreta sugerencia:
aguardar y avanzar simultáneamente
con los furores del deseo
todavía no resuelto.
Con la paciente decisión de la sabiduría.

Anger That Rests

I myself would not recognise you
in a country of absence without return.
Let me fall into temptation, you who can.
Do not deliver me from the fire, let it burn!

He Came in Vain

I saw the dream walk and perish.

On Vanity

You made a discreet suggestions:
to wait and to advance simultaneously
with the furies of desire
not yet resolved.
With the patient perseverance of wisdom.

ISLA DE PINOS

I

¡Oh mar, mar de las hechicerías! Amigo de los encantamientos.
Azul de yerba fresca ¿dónde la ronca voz del Olonés, las
maldiciones y las palabras poderosas de rencor y venganza?
¿Dónde las lágrimas, las súplicas, las quejas y las lamentaciones?
¿Dónde la sangre, el chasquido del látigo, las preces
albuceantes del cargamento esclavo? ¿Dónde el cuchillo, la
horca, los dados, el ojo tumefacto del muerto, la conjura
enemiga? ¿Dónde en tu verde de montaña azul ocultas la
penosa servidumbre?

Azul isleño de aguas caribes, jade azul de ultramar, ¿dónde el
muslo roto y amoratado, el siniestro andar de Francois
Leclerc? ¿Dónde la antigua noche de la piratería, el túmulo de
huesos y hojas ensangrentadas, el secreto que confías a tu
pecho, al vientre obscuro del tiburón, a la afilada aguja? ¿Cuál
es el día de tu embriaguez, la hora de tu hartazgo, la fiesta para
henchir la grosura de tu avariento corazón? Guiñolesco
hospedero, ¿quién atiende en la noche tu discurso cuando
ebrio declamas? Para tu atardecida romería salomónicamente te
adornas como el mango: ¿quién te sigue los pasos
voluptuosos? No, concha lapislázu-li, yo no saludo tu máscara
de finos dientes y tus cabellos de alúmina y cobalto.

No saludo tu voz que es voz de encantadores. No escucho tu silencio.

A mí no me seducen tus ricos atavíos, tus collares y pulseras
de peces con esca-mas escarlatas, turquesas, anaranjadas, ocres;
tus túnicas bordadas con seda tornasol que dibujan navíos
voladores, lámparas y gaviotas, caracoles, moradas uvas de la
costa, flores selváticas, celestiales, marinas; estrellas y
muchachas. No quiero tu amuleto. Guárdalo con tus cofres de
maderas preciosas, con tus espadas de oro, tus naipes y doblones.

¡Sólo quiero tu isla de azul imprevisible!

ISLAND OF PINES

1

O sea, sea of enchantments! Friend of bewitchments. Blue of
fresh grasses, where is the hoarse voice of Olonés, the curses
and the violent words of rancour and revenge? Where are the
tears, the pleas, the moaning and the lamentation? Where is
the blood, the snap of the whip, the groans of the slave cargo?
Where is the knife, the gibbet, the dice, the swollen eyes of the
dead, the hostile spell? where in your blue green mountains
have you hidden all the harshness of slavery?

Blue islander of Caribbean waters, blue jade of bud-green
lands, where is the broken twisted thigh, the sinister walk of
Francois Leclerc? Where is the ancient night of piracy, the
tomb of bones and blood-stained leaves, the secret you hide in
your breast, in the obscure belly of the shark, in the sharp-
needle fish? Which is the day of your delirium, the hour of your
satiety, the fiesta to inflate the grossness of y our avaricious heart?
Hospitable puppeteer, who listens in the night to your drunken
declamation? For your delayed pilgrimage you adorn yourself
Solomon-like as the mango; but who follows your voluptuous
progress? No, lapis lazuli shell, I do not celebrate your fine-
toothed mask and your aluminium and cobalt hair.

I do not celebrate your voice which is the voice of enchanters.
I do not listen to your silence.

I am not charmed by your rich garments, your necklaces and
bangles of fish with scarlet, turquoise, orange, and ochre
scales; your tunics hemmed with shot silk where flying ships,
buoys and sea-guile, snails, purple coast grapes, wild heavenly
marine flowers, draw patterns; your stars and young girls. I do
not desire your amulet. Keep it with your hoards of precious
wood, your golden swords, your card and doubloons.

I desire only your island and its unforeseeable blue.

En la piedra, en la corteza, en el silencio, en la penumbra, en la llovizna y el calor; en la voz dulcísima que invita a franquear la puerta amiga y a compartir los platillos de manjares caseros; el chocolate navideño, el pinol tostado con azúcar, dulce de arroz con leche, y café; cuando la tarde va a apagarse en el bosque de pino piñonero y los güiros y machetes, la madera y las cuerdas se encienden con la voz que no quiere "toronja picá de cotorra, ni quiere naranja picá de sijú". En la niña, atado el moño tinto y el talle con cinta punzó y los labios encendidos de sangre y la mirada de inocente fulgor arde la magia. ¡No os apaguéis luciérnagas, asombro de la lámpara! ¡Frente al perfil macizo del mármol o contra el monte gris donde alza la yagruma su garra ceniciente, la súbita llovizna!

¡Ah, si las primeras *luces* aparecieran! Sólo un pájaro infinito, a muchas leguas de distancia gime.

Contra el silencio, la lucha verde de las iguanas, el pajonal de oro y rosa viejo de los *rabos de zorra*. En los ojos de los adolescentes solitarios arden las *luces*. En la encendida mirada de un gato montaraz, las *luces* extraviadas se confunden y giran. Los niños en el prado lanzan contra el poniente un desafío y se desbandan en tropel.

Desde las honduras de la tierra, el pozo es una estrella que hace guiños al cielo. ¡Oh, insecto de la luz, verde araña de patas brilladoras! ¿Quién repite con letal resonancia ¡adiós, adiós! junto a la tibia arena? Nadie recuerda nada. Ligeramente un nombre, ¿para qué sirve un nombre si no es para escribirlo? ¡Oh nombre, repetición amante! (Muertos rescatados a la sombra de la conversación en torno de la lámpara.) Por eso son las *luces* para que no olvidemos que un guiño de la luz es en fin mucho más duradero que el tiempo en que decimos un nombre y lo olvidamos.

2

In the stone, in the bark, in the silence, in the shade, in the drizzle and the heat; in the sweetest voice which is an invitation to enter the friendly door and share the household foods; the Christmas chocolate, the pinole toasted with sugar, the rice pudding, and the coffee; when the afternoon goes to die in the forests of nut-pine, the guiros and the machetes, the wood and the strings ignite with the voice that refuse "*toronja picá de cotorra, ni quiero naranja picá de sijú*": and in the young girl, tied black tint bun tied back and waist with a deep scarlet band and lips blood glowing red and a look of innocent passion magic takes fire. O fireflies, amazement of the lamps, do not go out! Against the heavy profile of the marble or against the mountain where the yagruma raises its ashen spire —the sudden drizzle!

O, if the first lights were to appear! Only an infinte bird, many leagues distant, moans.

Against the silence, the green struggle of iguanas, the old gold and rose hay-loft of the heather. The lights burn in the eyes of lonely adolescents. In the inflamed stare of a wildcat the lost lights mingle and spin. In the meadows the children hurl a challenge at the sunset and take off in a swarm.

From the depths of the earth, the well is a star which winks at the sky. O insect of light, green spider with dazzling feet! Who repeats with deadly resonance Goodbye, Goodbye! close to the warm sand? Nobody remembers anything. Faintly, a name: but what use is a name if it is not written? O name, repetition in love! (The dead retrieved in the shadow of conversation round the lamp). For this the lights are: so that we do not forget that a flicker of light is at last more lasting than the time in which we speak a name and forget it.

Palidecen las *luces* oyendo el tamboril de la llovizna. Y en el cielo, la noche abre sus ojos duros y resistentes.

3

El que anda entre los cerros, a solas, por el valle, cuando atardece y por el Este, ve bajar encrespadas y brillantes las langostas hasta la playa negra, hasta la playa de oro y coral, hasta la playa de plata cernida, de conchas y cangrejos satinados, hasta donde el mar se amiga con la costa y la toca suave y calladamente enamorado.

El que anda solo entre el silencio de mármol, frente a la boca del "Abra", a su espalda el bosque ceniciento sin rumores; el que anda ensimismado, con el silencio suyo sin palabras, ni grito de gaviota, ni golpear de olas.

En el silencio, solo, cuidando los nombres de la gracia. Los nombres que poseen la poderosa suerte:

> Casas,
> Caballos,
> Cerros,
> Ciénagas,
> Caribe,
> Cabeza,

Alfonso Terry vino desde el Caimán.

Sabe estos nombres, conoce el poder sobrenatural de estas palabras. Las dice en orden, luego es rico en albergue y alimentos; escuadrones del Ángel acuden veloces a transportarlo de una ladera verde a un risco o a una peña pulida como pórfido, de los ojos translúcidos y obscuros de la tierra a los ojos de duro ámbar del cielo, de la *flor del día* a la *flor del muerto*. Contra el enemigo se alza un bastión inexpugnable y dentro crece la Vid del paraíso y a su sombra el Ave canta. Dueño del azul ciñe la corona amarilla de la Luz.

The lights pale, hearing the drums of the drizzle. In the sky the night opens its hard and resistant eyes.

3

He who wanders among hills, alone, through the valley at dusk, and sees the hairy and glittering lobsters descend as far as the black beach, as far as the coral and gold beach, as far as the hammered silver beach of shells and satiny crabs, as far as where the sea makes friends with the coast and touches it, gently and silently in love.

He who walks, alone, in the silence of marble, opposite the mouth of the Abra, the silent ash coloured wood at his back; he who wanders withdrawn in himself, in his own silence without words or gull cry or wave beat.

Alone in the silence, guarding the names of grace. Names that possess powerful magic:

> Houses
> Horses
> Hills
> Honey
> Horizons
> Head.

Alfonso Terry came from Great Cayman.

He knows these names, knows the supernatural power of these words. He speaks them in their order and is at once rich in food and shelter; squadrons of the Angel speed swiftly to transport him from a green hill to a crag or peak polished like porphyry, from the opaque and obscure eyes of the earth to the hard amber eyes of the sky, from the *flower of day* to the *flower of death*; against the enemy an impregnable fortress is raised and inside it the Vine of Paradise and in its shade the Bird sings. Absolute ruler of the blue, he puts on the yellow crown of light.

Vino desde el Caimán, donde la tierra es llana y el cielo está más lejos. Con su pecho creció y se armó la quieta ciudadela, con su pulso y su respiración, al son fiero del tiempo se alzaron estos reinos minúsculos como tesoros relampagueantes para el perro y la garza. La *barrigona* brilla y se despeina, agitando su fronda verdegris; quien mira bien la tierra y sus guardianes sabe quién vela ahora. Terry, ¿por qué giran el círculo los ojos de los muertos? Terry Alfonso, negro del Gran Caimán, chofer de auto de alquiler, uniformado, humilde, padre de sus hijos, buen bebedor, alto como el aroma de los cedros y duro como el monte de mármol. Tú que saliste con el día y acompañaste en el monte al buscador de orquídeas y serpientes (el muchacho de Nashville), que te anudaste la corbata y los zapatos, y tus dientes en el espejo viste relucir, y a tu dulce mujer diste una dulce palmada en el trasero y un beso también dulce al partir, ¿con qué sueñan los sueños?

Terry, poco recuperamos; apresúrate y dime: ¿es acaso una música para bailar, el tiempo? ¿Para bailar, aunque no lo deseáramos? ¿Cómo es que baila el viento? ¿Cómo debo lucir para asistir al baile? Apresúrate, apresúrate.

Está bien. Estamos en el baile. Bastaría con atender la música cuidadosamente, seguir la música.

Siempre sonríes y callas. Si te pregunto quién es el Monarca, el Señor, el Dueño, el Comisario del tesoro de la isla, callas y sonríes.

Tú, pino piñonero, velamen, algo aroma, centinela, chofer, padre de hijos y hombre de otros nobles oficios. Tú, sentado a la diestra del mar y de las islas, nombrándote Poeta.

He came from Great Cayman, where the land is flat and the sky further away. He grew with his breast and this quiet tower armed itself. Grew with breath and pulse and to the fierce tune of time these tiny kingdoms rose as radiant treasures for the dog and the hare. The *barrigona* shine, letting down its hair, waving its verdigris branches; whoever look carefully at the earth and its guardians knows who watches now. Terry why do the eyes of the dead spin in a circle? Terry, Alfonso, Negro from Great Cayman, hires car driver, father of his sons, valiant drinker, tall as the scent of cedars and tough as the marble mountain. You who went out at day break and took to the mountain the orchid and serpent hunter (the boy from Nashville), who tied your tie and laced your shoes, who saw your teeth gleam in the mirror, who gave your wife a soft stroke on the thigh and a sweet kiss as you left, what are the dreams of dreams?

Terry, we recover little, hurry and tell me — is time a music to dance to? How does the wind dance? How should I be dressed? Hurry, hurry.

Alright, we're at the dance. It will be enough to listen carefully, to follow the music.

Always you smile and say nothing. If I ask you who is the Monarch, the Lord, the Master, the Commissar of the island's treasure, you smile and say nothing.

You, nut pine, sail , tall scent, sentinel, chauffeur, father of sons, and man of other lofty callings. You, sitting to the right of the sea and the islands, naming yourself Poet.

4

Díganle a los que buscan en la piedra y la nube una respuesta, a los que creen hallarla en la yerba y el viento, díganles que en las ramas aéreas y feroces del árbol de Bengala está el signo del tiempo. Allí los días florecen a su antojo. Allí la muerte guarda su secreto. El Olonés tenía una cimitarra de oro puro, un cinturón de piel de reptil de una especie extinguida. Y oculto en un pañuelo el amuleto de amarga mezcla: sangre, almizcle y algalia endurecidos. Nau enterró su tesoro a la derecha y exactamente a tres varas al sur del tronco de la higuera. A su regreso, el árbol de la India había multiplicado sus columnas hacia el norte y el sur de este a oeste, como torres crecidas a la inversa. Siete enormes columnas, todas de corpulencia igual a la madre del árbol, descendieron para burlar la astucia del pirata. El Olonés rompió la tierra siete veces al sur, a la derecha. Luego que nada halló rompió la tierra al norte hacia la izquierda. Lloraba el duro hombre su tesoro.

Los que buscan respuestas en la piedra y la nube, que lleguen hasta la alta raíz de la ancha Higuera. Allí la muerte oculta su secreto.

5

Todo aquí se apresura a convertirse en niño. En el viejo juguete que tú mismo añorabas. Aquí vuelves a ser arisco.

Vives a la intemperie, como el majá pegado el pecho a tierra y como el río, errabundo, que es el majá del agua. Todo conspira aquí para que seas un niño, ufano, que juega con el viento, con las tardes y el ámbar del verano.

4

Tell those who look in stones and in the clouds for an answer, those who believe they found it in grasses and winds, tell them that in the fierce and aerial branches of the banyan tree is the sign of Time. There the days of man flourish according to his desire. There death keeps its secret. Olonés had a sword of pure gold, a belt of the skin of a reptile belonging to a vanished species. And, hidden in a handkerchief, the bitterly mixed bracelet: blood, hardened musk and civet. Nau buried his treasure to the right and exactly three meters to the south of the fig. When he came back, the banyan tree had spread its columns to the north and the south from east to west like towers growing backwards. Seven enormous branches the thickness of the original tree descended to mock the pirate's cunning. Olonés broke the ground seven times to the south, on the right. Finding nothing, he broke the ground to the north on the left. And this cruel man wept for his treasure.

Those who look for answers in the stone and the clouds, let them reach the tall roots of the tall Fig. There Death hides its secret.

5

Everything here hurries to become like a child. Like the old toy you yourself mourn for. Here you become wild again.

You live open to the air like the snake which keeps its breast to the ground, and you wander like the river which is the water-snake. Everything here conspires to make you like a child, like a joyful boy playing with the wind, with the summer afternoons and the summer amber.

6

Birdie y Jamima cuidan del santuario. El viejo caserón del alquimista. Con el ánima sola del pirata sueñan Birdie y Jamima. En la taberna de Port Royal, ebrios, los marinos relatan el siniestro episodio. "Jamima, es tarde, ven, cierra antes que entren los miedos". Birdie fuma, atiza las brasas, prende el quinqué, quema hojas de cinamomo y llama con su voz de niña amedrentada a su hermana. Jamima está en el bosque, tendida boca arriba, oyendo a la paloma. Birdie canta para ahuyentar los miedos. Jamima habla con una iguana. En "El León del Caribe" un viejo sueña con los tigres del África, sueña con los patos que emigran y maldicen las cruces y las campanas. Birdie y Jamima leen la Biblia. Cuando amanezca será domingo en Kingston y ellas estarán entre pomos y viejos manuscritos cuidando el santuario.

Birdie y Jamima viven camino a Santa Bárbara.

Curazao, Zurich y Praga, September, 1960

Birdie and Jamima look after the sanctuary. The old house of the alchemist. Birdie and Jamima dream of the pirate's lonely soul. In the Fort Royal bar, the sailors, drunk, tell of the sinister episode. "Jamima, its late, come in and close before the spirits come". Birdie smokes, stirs the ashes, lights the lamp, burns cinnamon leaves, and calls to her sister in her frightened girl's voice. Jamima is in the wood, stretched face upwards, listening to a dove. Birdie sings to scare off the spirits. Jamima talks to an iguana. In "The Lion of the Caribbean" an old man dreams of the tigers of Africa and the wild ducks that flee, cursing the crosses and the bells. Birdie and Jamima read the Bible. Come dawn, it will be Sunday in Kingston and they will be among small bottles and old manuscripts, looking after the sanctuary.

Birdie and Jamima live on the road to Santa Barbara.

Curazao, Zurich and Prague, September, 1960

Translated by John Gibson

THE BOOK
OF HEROES

———◄◦►———

LIBRO DE
LOS HÉROES

1960-1962

LOS HÉROES

Desde los sueños el polvoriento corazón
del monte ardía
y de nuevo comenzaba a vivir
para un suceso puro.
Cantos y toques en la casa vieja del mundo
y ellos nacidos la víspera del fin.
Viven hacia la eternidad los héroes.
Para sus ojos múltiples de asombro
guarda el monte la única flor
que el tiempo no elabora, que la muerte no toca.
Eran desde los sueños, iguales y distintos.

THE HEROES

From the dreams, the dusty heart
of the bush-land burned
and once again began to live
for a pure event.
Songs and martial beats in the old house of the world,
and they, born on the eve of the end.
The heroes live on into eternity.
For their many eyes of wonder
the bush-land guards the only flower
which time does not elaborate, nor death touch.
From the dreams, they were like others, and {yet} different.

Translated by John Hill

NACIMIENTO DE EGGO

Cuentan las bocas muertas que el hombre
vino entre dos luces.
La barca era su cuerpo y sus brazos dos poderosos remos.
Solo, en un estrecho de aguas violentas,
el hombre era una luz, dicen los muertos:
antes de la pasada historia, mucho antes
del tiempo porvenir.
Cuentan que iba hacia el monte.
Iba mirando hacia su frente, mirando a sus espaldas
y al perfil que para siempre dibujaron
sus manos poderosas. Iba solo,
y era el cristal, el oro que fluía desde su barca,
el torso de todo lo creado,
hasta la hora de su consumación.
En las riveras borrosa la espesura,
ceniza o carroña humeante; ruinas.
Y el monte, el hombre mismo, dice la historia
de las bocas muertas, nacía sobre las agua.
Cuando llegó al centro de sí mismo, ya no era un hombre,
era el árbol mayor, sus ramas, múltiples remos,
su tallo, tantas barcas de fortaleza idéntica
y juntos una flor redonda de oro.
Frente a él vio, a sus flancos y espalda
multiplicarse el monte hasta un número exacto,
dividido en fragmentos iguales,
enteros unos y otros, siempre el mismo
que vino entre las aguas y dos luces.

ORIGIN OF EGGO

What the dead mouths say is that man
came in the change of light.
The boat was his body and his arms two powerful oars.
Alone, through a strait of turbulent waters
man was a light, the dead say;
before all vanished history, and long
before all time to come.
He was going towards the mountain, they say.
He was gazing ahead, he was gazing behind,
and at the profile his powerful hands
had always etched in air. He went alone,
and the crystal, the gold pouring from his boat,
moulded the torso of each created thing,
until the time of his fulfilment.
Along the shore, in the blurred undergrowth,
ashes or smoking carrion, ruins.
And the tale the dead mouths tell is that
the mountain, man himself, was born upon the waters.
But when he reached the centre of himself
he was no longer a man;
he was primordial tree, its branches, countless oars,
its trunk so many boats identical in strength,
joined in a rounded flower of gold.
In front of him, on each side, and behind him
he saw the mountain multiply to an exact number
divided into equal parts,
each one of them whole, but always the same man
who came on the waters and in the change of light.

*Translated by John Gibson, Arthur Boyars
and Christopher Middleton.*

TIEMPOS

I

A fuerza de callar gritó, y su grito
a las tinieblas descendió, aquél no
fue el primero de los días del hombre.
Otro grito más tenebroso aún,
hizo el principio, y otro, hará la historia.

II

Querías deslumbrarnos, asombro
de los bosques y las aguas vírgenes.
Desconocías que éramos mirada
que se acostumbra a los misterios
y apenas indaga si es fiesta o aventura.

III

Se hacía a sí misma la mañana,
Voluntad de lo eterno, para ocupar
los sitios del olvido definitivo, mientras
sus ojos soñaban ser estrellas de una frente infinita
y su casa el hogar de las celestes criaturas

IV

Tarde total.
Otros desconocidos ignoran
tus mudanzas, humo y ola lentos.
Los hombres vivos o muertos
pueden prescindir de tu sol último.
Nada obtendrás
con dividir a un tiempo
las estaciones de la eternidad.

TIMES

I

Forced to be silent he cried, and his cry
descend into darkness, that was not
the first of man's days.
Another even darker cry, made
the beginning, and another, will make history.

II

You wanted to dazzle us, amazement
at the unknown woods and rivers.
You ignored that we are a gaze
that gets accustomed to every mystery.
And hardly inquires if they are a fiesta or an adventure.

III

Morning, made herself, the will
of the eternal, to dwell in
places of definitive oblivion,
while its eyes dreamed to be the stars of an infinite
forehead
and its house the home of celestial creatures

IV

Total afternoon,
some strangers ignore
your mutations slow wave and smoke.
Men, alive or dead
can dispense with your last sun.
You will get nothing
in dividing at a time
the seasons of eternity.

V

Si dijeras que en ti concluye
La comprensión de las mudanzas
más antiguas del día, noche,
no revelarías la intimidad que te consagra
a desaparecer,
porque sabes que eres distinta
cada vez que comienzas.
Para nosotros es siempre el mismo paso
hacia la sombra entre dos luces:
una proximidad gastada por el tiempo.
Para nosotros que no identificamos tu elección,
el sitio que te erige, eres
la devastadora lejanía de un dios.

V

If you say that in you ends
the comprehensiveness of the
most ancient motions of the day, night,
you would not reveal the intimacy
that consecrate you to disappearance.
Because you know you are different
every time you start.
For us is always the very same step
towards shadow in the change of light:
a proximity that time wears out.
For us that do not identify your choice,
the place that raises you, you
are the devastating remoteness of a god.

DOCE

Duermen en la tierra de los antiguos mitos,
doce presagios de los ríos, doce
augurios de la primavera.
Cuando despierten serán guerreros
de olvidada tradición. Sus memorias inauguran
el tiempo señalado por los poetas.
Caballos y leones misteriosos en la casa
de Orisha,
doce rayos invisibles que cambian el signo
de los meses.
Cuando despierten crecerán sin tiempo,
múltiples y secretos, como
raíces de la tierra
y asombrarán a los oídos del mercader y del labriego,
y destruirán los templos
que ajenos dioses sostuvieron.

TWELVE

In the land of ancient myths
sleep twelve omens of the rivers,
twelve auguries of Spring.
When they awake they will be fighters
in a forgotten tradition. Their memories begin
the age announced by the poets.
Mysterious horse and lions in the house
of Orisha.
Twelve invisible lightning flashes changing the sign
of the months.
When they awake, they will grow timelessly,
numerous and secret, like
roots in the earth,
they will startle the ears of the merchant and the
ploughman
and they will destroy the temples
erected to foreign gods.

Translated by John Gibson and Christopher Middleton

ENDICIÓN DE ESHU

Avisa a Osain que los hombre vienen,
mientras mi muerte alista,
yerba de mis pesares, alúmamba
que lo ve todo, desde el lecho del río.
Acompañen de sones
la llegada del dueño único del monte.
Avisa a los Ibeyi, que su cabeza
ya entra en las regiones áureas,
sus bellos ojos más bellos que la lumbre mayor,
y su oloroso aliento, más transparente
que el aire que corona el monte,
dile, flor de mis males,
que ha regresado en victoriosa barca,
él, monte de aguas.
Avisa a Oggún,
que cae mi fortaleza,
entre armas y banderas.
Avisa a Obatalá, que las cadenas
contra las que los dioses no pudieron,
esclavas a su paso se rendían.
Avisa a Elegguá
que ni sus llaves ni sus guardias
están seguros.
Acompañen de sones, gentes de Ocha
la llegada del dueño único del monte
mientras mi muerte alista.

SURRENDER OF ESHU

Let Osain know that men are coming
while my death is being prepared,
grass of my sorrows, Alúmamba,
that may see it all from the bed of the river
Play *sones*
for the arrival of the mountain's only lord.
Tell the Ibeyi that his head now
enters the golden regions,
his beautiful eyes more beautiful than the primal fire
and his sweet-smelling breath, clearer than air
on the summit of the mountains;
say, flower of my sufferings,
that he has returned in the boat of victory,
he, the tower of waters.
Let Oggun know
that my battlements fall
among weapons and banners.
Tell Obatala those chains
the gods were powerless against
surrendered to him,
tell Eleggua
nor keys nor sentinels
can be considered safe.
With *sones* celebrate, people of Ocha,
the arrival of the mountain's only lord—
while my death is being prepared.

Translated by Nathaniel Tarn

REFLEXIONES DE ABEL

Han pintado el almacén de otros colores
que el tiempo come ferozmente.
Han traído mercaderías
y esto complace a no dudar la muerte,
complace a sus gustosos servidores
que alejaron los higos y manzanas
de las manos del niño,
que alejaron los juguetes de cuerda
de las manos del niño.
El almacén pintado es otra máscara
de la muerte.

ABEL REFLECTS

They've painted the store in other colours
which time hungrily devours.
They've brought a new stock of things to sell
and there is no doubt this pleases death,
that this pleases his willing servants
who kept the figs and the apples
from the child's hands,
who kept the clockwork toys
from the child's hands.
The painted store is one more mask
of death.

*Translated by John Gibson, Arthur Boyars,
and Christopher Middleton.*

MEDITACION Y ELEGÍA DEL POETA RAÚL

Por una vez regresaría a los tiempos pasados
para juntar de un golpe los eneros de noche.
Las veces que Gardel le acompañó, echado
cara al cielo, oyendo los latidos del corazón,
la medianoche de los parques,
los muchachos en el café y en el billar.
Tarde vuelves a casa. Quieres abrir
la puerta a las cosas pasadas.
Quieres decirle que esa era tu forma de querer
y callar, que en las mañanas cuando anudas tus zapatos
dices su nombre. Ser fiel a su deseo de volver.
Te avergüenzas de no haberles dicho adiós.
La vieja de luto, los amigos.
Por una vez fijarlo todo al corazón para cuando amanezca.

MEDITATION AND ELEGY OF THE POET RAOUL

He would like to return just once to the old time
to seize in once grasp those Januaries at night.
The times when Gardel's voice was his company, stretched out
staring at the sky, hearing the beat of his heart,
midnight in the gardens,
his friends in the café and the pool room.
You come home late. You want to open
the door to things gone by.
You want to tell her that was your way of loving
and being silent, and that in the mornings when you tie
    your shoes,
you speak her name; that you want to be faithful to her
    wish for your return.
You are ashamed of not having said good-bye to them
Your mother in mourning, your friends.
One and for all bind it all to his heart for when dawn comes.

Translated by John Gibson and Christopher Middleton.

UNA CAMPESINA QUE LE LLAMA YEYÉ CARI*

Dice su nombre y es como si juntara
en los labios todos los viejos nombres
de mujer, y la garganta se le puso vieja
de llamarla con nombres de la historia.
Está parada como piedra viva,
señalando caminos de agua y tierra.
Dibujado su rostro por el dedo del monte.
Para nosotros es la hermana grande y la menor.
Van días que no viene, no es del cielo
pero tampoco es de la tierra, tiene
como su nombre viejos los ojos de conocer el mundo.
Si conociera una alegría más grande
la llamaría por sus viejos nombres.

*Haydeé Santamaría.

A PEASANT GIRL CALLS HER YEYE CARI*

As she speaks her name she seems to unite
all the old names of women
on her lips and her throat grows old
calling her by names of the past.
She is still as a living stone
pointing down roads of earth and water.
For us she is an elder and younger sister.
Her face outlined by the bush-land's finger
Days pass and she does not come, she is not of heaven
nor of earth either, she has
eyes old with knowledge of the world as her name.
If she could know a greater joy
she would call it by her old names.

*Haydée Santamaría

Translated by J. M. Cohen

UN NIÑO DE LA SIERRA

En su rincón de tierra
jugaba el niño con arañas.
Las piernecitas blandas eran la casa
grande de las hormigas.
En las manos
cerradas guardó tesoros
que ella nunca supo.
La ternura es de color opaco, apenas
es color, y ella que sabe
lenguas de la infancia
se sentó junto al niño y jugaron.

CHILD OF THE MOUNTAINS

In his own little corner
the child played with spiders.
His soft little legs were a vast home
to the ants.
In his closed hands
he kept treasures
she never knew of.
Tenderness is opaque
with barely any colour, and she who knows
the language of infancy
sat down beside the child and they played.

Translated by John Gibson

VEINTISÉIS DEL CINCUENTA Y NUEVE
A Frank, in memoriam

Entra en la casa que mudó de calle,
donde hubo en algún tiempo rumores
de una fiesta.
Hasta el regreso las cosas están solas.
Vuelve a su calle
y hombres a caballo cantan.
Entre la multitud, aquel vasto silencio,
la propia voz del alma vuelve a casa.
Hombres
y niños que siempre quiso recordar.
El ámbito preciso de la ternura,
los amigos de un destierro de noches
y lenta niebla, apenas un susurro.
Mil y dos y tres mil hombres cantan...
Mira y es él quien falta por volver.

JULY 26, 1959
To Frank in memoriam

He enters the house that has changed streets
where once there were sounds
of a feast.
Till they return things stay as they are.
He comes back to his street
and men on horses sing.
In the multitude that vast silence,
the true voice of the soul is returning home.
Men
and children he always wanted to remember.
The exact compass of tenderness,
friends of an exile many nights long
and slow mist, scarcely a murmur.
A thousand, two, three thousand men are singing. . .
Look and it is he who has dropped out to come home.

Translated by J. M. Cohen.

DELACION

Los confidentes hablan
de la noche que el gallo cantara,
de los ojos del sapo en el rocío;
camiones que pasan sin detenerse;
san Eleuterio o la virgen de los desaparecidos,
los sueños para la charada.
La sala intima con las voces.
En camino mueren tres muchachos.

DENUNCIATION

The informers talk about
the night the cock may crow,
the toad's eyes in the dew;
trucks that go by without stopping;
San Eleuterio or The Virgin of the Vanished,
dreams to guess the lucky number.
The room is the accomplice of the voices.
three boys die on their way.

*Translated by John Gibson, Arthur Boyars,
and Christopher Middleton.*

CASA DE CIRO

Insiste la memoria sobre la yerba negra
bajo un cielo que abandonó la luz,
donde no hay voces ni ruidos,
donde no hay colores.
Alguna vez comprendería los sucesivos
misterios: el nombre de su pueblo,
el nombre de aquella tienda donde ganó la vida,
su propio nombre.
En el monte Osain puso las hojas sobre su pecho
para que no lo ahogar la metralla:
en su pecho está la casa de los héroes.
Las hojas que su dueño puso sobre su pecho
alejarían del barril de sangre la cabeza regia.
No ve ahora a Juan, que entra.
Vuelve a la tienda y sus ojos se fijan
donde ganó la vida.
Desde su pecho han sido develados los misterios:
su nombre, Ciro;
Artemisa, su pueblo;
y el lugar de trabajo
''La Revolución''.
Aiyé lo espera, a ella devuelve su hermosura.

CIRO'S HOUSE

On the black grass his memory persists
under a sky that the light had forsaken,
where there are no voices or sounds,
where there are no colours.
Sometime he would understand the successive
mysteries: the name of his town,
the name of that store where he earned a living,
his own name.
On the bush-land, Osain, laid the leaves on his chest
so that the grapeshot should not drown him:
in his chest is the house of the heroes.
The leaves that his lord Osain laid on his chest
would draw away his magnificent head from the keg of blood.
Now he does not see Juan, who is coming in.
He is back in the store and his eyes are fixed
where he once earned a living.
From his chest the mysteries had been revealed:
His name, Ciro;
Artemisa, his town;
and his working place
"The Revolution".
Aiye, is waiting for him, to her he returns his beauty.

Translated by John Gibson

LOS PIES DE HUMBERTO LAMOTE

*Era curar las llagas de los pies
heridos. Creo recordar...*
(Alegría del Pío)
            Ernesto Guevara

Tantas veces,
recuerda rechazaron sus pies
los sitios sórdidos.
Tantas veces,
decidieron volver y resistir
la violencia del azar, la vorágine
negra del azar.
No serían un queso sus pies,
para engordar la tierra.
Prefería que fuera devorada
por si misma.
Sus pies que disfrutaron la caricia
secreta del sol, que disfrutaron
el amor en un matorral.
Ardientes flores, helechos,
ciegas luciérnagas,
hermosos, vehementes compañeros.
Vivir empieza cuando
estos trotamundos rompen
a andar.
El hombre nace de esas protuberancias
que intiman con la respiración
ansiosa de la tierra.
Nunca faltaron a la vida,
ni al destino impidieron sus designios:
fieles conocedores de los cielos.
Toda su pasión residía en sus pies,
todas las batallas de su cuerpo,
ellos las decidían.

THE FEET OF HUMBERTO LAMOTE

It was to heal the blistered
wounded feet. I recall, I think...
(Alegría del Pió)
             Ernesto Guevara

So many times
he recalls, his feet rejected
sordid sites.
So many times
they decide to come back and resist
hazard's violence, hazard's black
whirlpool.
His feet would not be a cheese
to fatten the earth.
He would rather see it
devour itself.
His feet that enjoyed the secret
caress of the sun, that enjoyed
making love in the undergrowth:
ardent flowers, ferns
blind fireflies,
handsome, passionate comrades.
Living begins when
those globe trotters
blaze the way.
Man is born from those protuberances
that are intimate with earth's
eager breath.
They never failed life,
nor hindered fate's intentions:
faithful connoisseurs of the skies.
All his passion dwelled in his feet,
all the struggle of his body,
were decided by them.

De cierto conocieron sus quebrantos,
conocieron sus entusiasmos.
Mejor que nadie supieron del amor.
Porque fueron ardorosos
y porque fueron gélidos
no serán arrojados de la boca
del monte.
Porque fueron oídos de la tierra.

Todo lo que en secreto
elaboran las entrañas abiertas
de la tierra, todos sus asuntos,
sus intrigas menores,
todo lo que vive en su seno,
a ellos sus pies prudentes
eran comunicados.
Misteriosos soldados, combatientes
en ajenas líneas defensivas,
los únicos que en verdad conocieron
la victoria y la derrota.
Todo en su vida anduvo sostenido,
impulsado, por aquellas dos naves
invencibles, fluviales y terrestres.
Toda su vida rica, numerosa
en ciudades y montes y amor.
Todos sus besos, sus caricias,
la furia hasta el desamparo
y la derrota última
fueron urgidos por sus pies.
Amantes, los más puros,
que se miran y buscan
entre pared y niebla.
Flores iguales y distintas de un mismo tallo.
Dulces y medrosos, amantes.
Raro es que sigan un igual destino
y que en ellos se cumplan
los deseos del hombre.

Certainly they knew his grieves,
knew all his raptures,
knew of love better than any one.
Because they were hot,
because they were cold
they wont be cast out
of the mouth of the mountain.
Because they were ears of the earth.

Everything that the open
entrails of the earth
elaborate in secret, all its affairs,
its petty intrigues,
everything that lives in its breast:
to them, his prudent feet,
were imparted.
Mysterious soldiers, fighters
in alien defensive lines,
the only ones that truly knew
victory and defeat.
Everything in his life was sustains,
moved, by those two vessels,
invincible, fluvial and terrestrial.
All his life, rich, numerous
in cities and mountains and love.
All his kisses, his caresses,
fury up to helplessness,
and up to the final defeat,
were urge by his feet.
Lovers, the purest,
who look and search for each other
between wall and mist,
equal and different flowers ot the same branch.
Sweet and fearful lovers.
Stranger that they follow a similar fate
and that in them is fulfilled
man's desires.

Tantas veces, y ahora, echaba a andar
sus pies desnudos, llagados,
se dirigía a su puesto.
Y esa era su última jornada.

So many times, and now, he starts
to move his feet, blistered, barefoot,
going to his post;
and this was his last journey.

Translated by John Gibson

EPIFANIA

Revolución,
en el principio están las palabras
heroicas; difícil es narrar los hechos
con la sorpresa de la infancia, el juego
de la vida en la calle.
Una moneda al aire, cruz; un vuelco
y es la muerte.
¡Extranjera, por amor, detente!
Hablo a la vida y es difícil. ¡Ahora oídme!
A su número torna.

Revolución,
naces y veo la edad cambiada, el trueno,
furia y sangre y unas aguas de miedo
arrasadoras, pasan.
En el futuro halla el hombre su límite.

EPIPHANY

Revolution,
in the beginning are the words,
heroic, it is difficult to tell the facts
with the wonder of childhood, the game
of life in the streets.
A coin in the air, heads; it spins
and it is death:
You, stranger, for love's sake, stop!
I speak to life and it is difficult. Listen!
The wheel turns to its number.

Revolution,
you are born, and I see the age altered,
thunder, fury and blood, the flood of fear
overwhelms everything.
Man, in the future, shall discover his limits.

Translated by Arthur Boyars and Christopher Middleton

PARA LA VICTORIA FINAL

I

Son nuestros estos días y noches
sombríos.
El hombre ha de guardar este país
para sí entre los hombres.
Creemos que sobre el Turquino, o río abajo
El Cauto, no existe otro lugar.
Aquí edificaremos un hogar y otro hogar.
Hombres somos hermanos y amigos de los dioses.
Fingiremos afiebrados y silenciosos nuestros grandes temores,
de modo que ocultemos a los ojos del odio
la plenitud que dicta una a una,
las palabras del canto.
Fingiremos que hemos empobrecido hasta ganar
el desprecio de los codiciadores.
La demostración impide que olvidemos la fe.
Estas noches y días de la sombra paren
        su propia luz.
Dejaremos en las rocas las nuevas escrituras.
Quien dicta el canto exige un coro
una a una las voces de hombre a hombre.
Despierten los durmientes.
Oh sol, vuelve alimento el yermo, fingiremos
que manas lava y cieno.
Danos, oh cielos, calma y fingiremos cólera.
Vístenos aire, tensa piel y sangre
y fingiremos desnudez.
Porque son estos días y noches sombríos.
En la demostración se apoya nuestra fuerza,
impide que olvidemos la fe.

ON TO THE FINAL VICTORY

I

These dark days and nights
are ours.
Man has to protect this land
for himself among men.
We believe that above Mount Turquino,
and down the Cauto River, no other place exists.
Here we shall build one home and then another.
We men are brothers and friends of the gods.
Fevered and silent, we shall feign our great fears,
so that we might conceal from the eyes of hatred
that abundance which dictates, one by one,
the words of our song.
We shall pretend that we have grown poor until we earn
the scorn of the covetous.
This demonstration stops us from losing our faith.
These nights and days of darkness give birth
      to their own light.
We shall leave the new scriptures on the rock.
The composer of the song demands a chorus
the voices of man to man one by one.
Let the sleepers awake
Oh Sun, turn the wasteland into food, we shall pretend
that you spew forth lava and slime.
Oh Heaven, bless us with calm, and we shall feign anger.
Air, dress us in taut skin and blood
and we shall pretend to be naked
because this days and nights are dark.
Our strength comes from this demonstration,
it stops us from losing our faith.

II

¿Qué río de múltiples corrientes nos llama?
¿Dónde nacen sus aguas?
¿Qué bosques riegan? ¿qué jardines riegan?
A la sombra del monte ¿qué voz canta
una canción entre gemido y lágrimas?
Si aquella fuera una voz que despertara a los durmientes;
si aquella fura un voz
como en los días de la infancia;
si aquella voz hubiera
· con amor perdido su dureza, voz terrible
del tueno que en los oídos y en el pecho
golpeara a los durmientes;
hombres, ¿podrían reconocerla?
Fingiremos la culpa y es nuestra la inocencia
porque es nuestra la ofensa.
¿Sobre qué frente se escribieron los nombres?
Nombres de malicia y contienda,
nombres de homicidios y engaños,
nombres de fornicación y avaricia.
¿Contra que frente se alzarán las piedras
Son nuestros estos días y noches sombríos.
Hemos de guardar entre nosotros este país
para cuando no sea más la guerra
de Este a Oeste,
y sean exterminados la compasión y el odio:
la indiferencia de los dioses, la decisión
de las antiguas cólera del hombre.

II

Which river of multiple currents calls to us?
Where do its water arise?
Which forest do they soak, which gardens?
In the shade of the scrubland which voice sings
a song between a groan and a tear?
If that were only a voice to arouse the sleepers;
if that were only a voice
out of the days of infancy;
if only that voice had lost
through love its harshness, a terrible voice
of thunder which would assail the ears
and the breasts of the sleepers.
Men, would you recognise it?
We shall feign guilt and innocence is ours
because we are the offended party.
On which brow were the names written?
Names of malice and dispute,
names of murder and deceit,
names of fornication and greed.
Against which brow will stones be raised?
These dark days and nights are ours.
We have to defend this country between us
for that day when the war of
East and West is over,
and compassion and hatred are exterminated:
the indifference of the gods, the determination
of the ancient angers of men.

III

Porque no será desolación sobre nuestra parcela
de mil vertiginosos verdes;
porque no seremos nube, ni seremos piedra.
Vertiginosos verdes de yerbas, palmas y ceibas
más salados y verdes para el viento;
para los hombres el rumor de los que bajo tierra
sienten sus pasos y les animan
la marcha sus canciones.
Para la noche un invisible brillo.
Porque no será más el hombre pasto de hombres.
¿Cuándo faltó la rosa al campo el día de su luz?
¿Cuándo faltó el rocío y faltaron las lluvias?
El día que fue y el día que vendrá
no faltarán sobre la tierra.
Nuestro país es también el pasado
áspero del mundo
con sus conquistadores y negreros, sus voluntarios
y tiranos, la noche vieja de los hombres muertos.
Pero para nosotros es un aborigen,
un negro esclavo y luego negro libre,
es un mambí en el monte.
Una rosa que bate el recio octubre.
Nuestro país ahora
es aquél que vuelve de los campos y lava
el rojo polvo de sus manos;
una muchacha que mira el sol ponerse,
desgranando mazorcas amarillas.
La mesa con los alimentos
que rodean voces cálidas y graves.
Es un fusil, también una trinchera.
Es nuestro amor la lucha
y está en las cosas que defenderemos.

26 de Octubre de 1962

III

For there shall be no desolation over this plot of ours,
with its thousand giddy greens;
for we shall not be turned to cloud nor stone.
Giddy greens of grasses, of palms and *ceibas*
saltier and greener for the wind;
for our men, the sounds of those who lie beneath the earth
hearing their steps, whose songs
inspire them to march on.
For the night an invisible glow.
Because man shall no longer be the fodder of man.
When did the rose ever not bloom on the day of its light?
When did he dew and the rain ever turn dry?
On the day past and the day to come
they shall not be missing from the world.
Our country is also the harsh
past of the world
with its conquerors and its slave-drivers, its mercenaries
and tyrants, the old night of dead men.
But to us it is an aborigine,
a black slave and then a black set free,
it is a *mambí* in the scrubland.
A rose battered by stern October.
Our country today
is someone who comes back from the fields and wipes
the red dust from their hands;
a girl who watches the sun set,
while stripping corn-cobs.
The table with its food
surrounded by warm deep voices.
It is a rifle, and a trench.
Our love is this struggle
and lies in those things we shall defend.

October 26, 1962

FIELD OF
LOVE AND BATTLE

———◄◦►———

CAMPOS DE
AMOR Y DE BATTALLA

PARABOLA

Mi madre quiere que yo sea feliz, quiere
que sea joven y alegre;
un hombre que no tema el paso de los años,
ni tema a la ternura ni al candor
del niño que debiera ser
cuando voy de su mano y la oigo repetirme
—para que no lo olvide—éstas y otras nociones.
Mi madre no quisiera avergonzarse de mí.

Mi madre quiere que no mienta, quiere
que sea libre y sencillo.
No quisiera verme sufrir,
porque el miedo y la duda
son males que padecen los adultos,
y ella quiere que yo sea su niño.

Cualquiera que nos viese
no la comprendería: en edad coincidimos
—no quiere que lo diga—
aunque ella me dio vida
cuando tenía los años que tengo hoy.

Podríamos ser hermanos, ella un poco mayor.
Podríamos ser amigos: su memoria y la mía
corresponden a un tiempo en que ambos fuimos jóvenes.
(Yo era menor, pero recuerdo verla cantar feliz
entre sus hijos, compartir nuestra infancia).

Mi madre quiere verme luchar a toda hora
contra el dolor y el miedo.
Sufriría si supiera que a mi edad,
la de ella entonces cuando me dio a la vida,
yo soy su viejo padre y ella mi dulce niña.

PARABLE

My mother wants me to be happy, wants
me to be young and joyful
a man who doesn't fear the passing of the years
nor fear the tenderness or candor
of the child that I should be
when I go from her hand I hear her repeating to me
—so that is not forgotten— these and other notions.
My mother doesn't want to be ashamed of me.

My mother wants me not to lie, wants
me to be free and simple.
She wouldn't want to see me suffer
because fear and doubt
are evils borne by adults
and she wants me to be her child.

Whoever sees us won't understand her
because —she doesn't want it said—
we coincide in age although she gave life to me
when she was as old
as I am today.

We could have been sister and brother, she a little older;
we could have been friends, her memory and mine
correspond to a time when we were both young.
(I was younger, but I remember seeing her sing happily
among her children; sharing our childhood).

My mother wants to see me fight at all times
against pain and fear.
She would suffer if she knew that at my age,
her then when she gave me life.
I am her old father and she my sweet child.

Translated by Nina Serrano

A UN JOVEN GUERRILLERO EN PRISIÓN

Ya tú lo sabes:
de repente
es como si hubieras despertado libre.
Esas paredes no te aíslan,
ellas concentran
todo el mundo en ti mismo,
en tu cuerpo que solo
sin buscarse te encuentra
resistiendo, viviendo.
Es lo que importa.

Del mundo llegan sus rumores
(nunca hubo tantos)
y rompen el silencio,
tu soledad heroica.
La tortura, el escarnio
no te degradan ni te humillan:
te dejaron el cuerpo transparente
y hoy ves mejor
cómo eres hacia adentro.

Ya tú lo sabes,
sabes lo que no quieres.
No quieres para ti la libertad
del intendente, del fiscal, de clérigo;
no quieres para ti la libertad
de los banqueros, los industriales
y los terratenientes;
no quieres para ti la libertad
que día a día te lleve al Parlamento,
al Estado Mayor, la Facultad, la Bolsa;
no quieres ese poder, no envidias esa fuerza.
No quieres ni adulación, ni mimo, ni obediencia.

TO A YOUNG GUERRILLA FIGHTER IN PRISION

Suddenly,
you know it:
like waking up free.
Those walls don't isolate you,
they focus the whole world on you,
on your body, that alone,
without searching
finds itself,
resisting, living.
That's what is important.

The rumors of the world arrive
(never have there been so many)
and brake the silence
of your solitary heroism.
The torture and the insults
don't degrade or humiliate you.
They leave your body transparent.
Now you can see even better
how you are inside.

You already know it,
know what you don't want.
You don't want the freedom
of a policeman, lawyer or priest.
You don't want the freedom
of bankers, industrialists
and landowners;
you don't want the freedom
that day by day carries you to parliament,
the war dept., the university chair or the stock market;
you don't want this power, you don't envy its strength,
its adoration, obedience or indulgences.

Mientras tu nombre se cotiza en la prensa:
héroe, bandido, lúcido, loco,
aventurero, apóstol y cuántas otras cosas
que no quisiste ser, que no eres,
tú si sabes realmente
por ti y para ti, qué te llevó a ti mismo
a esas cuatro paredes
donde resistes sin temor ahora.

Eso es lo que importa

Diciembre, 1968

Meanwhile your name is quoted in the press:
hero, criminal, genius, lunatic, adventurer,
apostle and many other things
that you never wanted to be and aren't
You really know
by yourself and for yourself
what brought you to these four walls
where now you resist without fear.

That's what's important

December 1968

Translated by Nina Serrano

PARA ALICIA
A Alicia Alonso

Impacientes
                    absortos
esperamos
a que Alicia
                         regrese
del otro lado del espejo
pues sus pies
                         y sus manos
su perfil
                    su sonrisa
de andar por casa
                    de vivir
el día
            ágiles
            fugitivos
en un instante
                    apenas perceptible
fijan al aire
                    suelta
ave o estrella
                    o flor
del otro lado
Cuerpo puro
                    purísimo
inalcanzable nos parece
            Y sin embargo
nos lleva de la mano
                              nos eleva
flotamos entre azules
y blancura
                    Sube
                    gira
                         lentamente
desciende

FOR ALICIA
To Alicia Alonso

      Impatient
                      absorbed
we hope Alicia
                      returns
from the other side of the mirror
since her feet
                      and her hands
her profile
                      her smile

walking around the house
                      living
the day
          agile
          fugitive
in an instant
                      hardly perceptible
they still the air
                      loose
bird or star
                      or flower
from the other side
Pure body
                      a purity
that seems impossible to attain
          And yet
leads us by the hand
                      lifts us
and we are floating among blues
and whiteness
          Slowly
                      spiralling
                            up
falling

                más allá
de las torres y las nubes
            Y absortos

                            complacidos
contemplamos
su mundo
de este lado del espejo.

farther
from the towers and clouds
            And enraptured
                        satisfied
we contemplate
her world
from this side of the mirror.

Translated by Pat Carrothers and Armando Romero

CAMPO RECONQUISTADO
A Luis Talamantez, Poet

Mi amigo está de vuelta,
aún en lucha por reencontrarse en la palabra
que afirme su regreso.

Luis Talamantez, blasfema o glorifica
aquel momento
en que piedra se te hizo la garganta;
la lengua, peso muerto:
estertor y silencio.
Incendia como fuego lo espeso de la breña.
Alza tu voz en llamas:
tu voz de muertas vísceras,
¿para qué ha de servirte?

De vuelta
mi amigo acude a sus amores:
fuerza devastadora.
No mires hacia atrás,
pues toda destrucción engendra su propia flor
entre las ruinas.

¿Qué amaste, Luis? ¿qué amor sostuvo,
contra la piedra a tus espaldas
y la pedrada al pecho, tu cuerpo trashumante?
¿Qué amor salvó tu corazón de la rabia y el odio,
a tu razón de la locura?
Nada que reconozcas tuyo allanará tu entrada
a los lugares que te desalojaron.

RECONQUERED GROUND
For Luis Talamantez, Poet

My friend is back,
still struggling to find himself in words
that affirm his return.

Luis Talamantez, blasphemes or glorifies
the moment
that they turn your throat to stone;
your tongue, dead weight:
death rattle and silence.
As fire burns the thickness of the brushwood.
Arise in flames your voice:
voice of your dead viscera
what good is it to you?

Upon returning,
my friend runs to his love:
devastating strength.
Don't look back,
for all destruction engenders its own flower
among the ruins.

What did you love, Luis? What love sustained you
against the stone on your shoulders
and the weight on your chest? Your body nomadic;
What love saved your heart, from rage and hate;
your reason from madness?
Nothing that you recognize as yours will smooth your entrance
to the places that have been emptied of you.

Reaparecido, nada reclamará: todo le pertenece.
Atizas la cenizas y ves la llama arder,
alzarse. Oyes la voz del fuego.
Te habla, habla por ti. Ahora
eres su más porfunda voluntad,
la antigua salamandra de lengua incorruptible.

Reappeared, nothing he will reclaim; everything belongs
   to him.
You stir the ash and see the flame burn,
arise. You hear the voice of the fire
It speaks to you. It speaks for you, now
you are its steadfast will to be,
the ancient salamander with the incorruptible tongue.

Translated by Nina Serrano

CARMEN MIRANDA

Enana descomunal.
¿Sigues con los turbantes
que sobre tu cabeza
alzaban selvas
más suntuosas que las amazónicas?
¿Sigues en zancos
bailando sambas
desde Río a Los Ángeles?
¡Qué bobería no pisar el suelo,
tocar las nubes con la cabeza, Carmen!
Miniatura barroca,
eras un guacamayo psicodélico.
Eras con esas proporciones de tu fantasía,
un incesante anuncio de neón.
¿Qué se hicieron tus ojos rococó
más vertiginosos
que los de Eddy Cantor?
¿Y tu boca que en secreto envidiaron
Martha Ray y Joe E. Brown?
¿Y tus brazos y manos, asombro del dios Siva?
¡Ay, chica, chica
boom
chic...!
En zancos y con turbantes
medías cinco pies, nueve pulgadas, sin embargo
los muchachos te soñaban
desnuda
con tu tamaño humano,
menudo
frágil.

Si hay cielos, Carmen, en el tuyo has de estar
como llegaste al mundo,
orgullosa de medir cinco pies que los dioses disputan.

CARMEN MIRANDA

Enormous dwarf.
 Are you still wearing those turbans
    on your head
      that raised forests
 more sumptuous than the Amazon?
    Are you still dancing
      sambas on stilts
   from Rio to L.A.?
 How foolish, your feet off the ground
and your head in the clouds, Carmen!
      Miniature baroque,
       you're a psychedelic parrot.
With your rhythms of your imagination
     you're an incessant neon ad.
   What happened to your rococo eyes
       that were dizzier
         than Eddie Cantor's?
    And your mouth, secretly envied
   by Martha Ray and Joe E. Brown?
And your arms and hands, that astonished Shiva?
       Hey, chica, chica
          boom
          chic . . . !
     With stilts and turban
     You stand five feet nine, still
         the boys dreamed of you
            naked
      in your human dimensions,
            small
            fragile.
If there are heavens, Carmen, in yours you must be
      as you came into the world,
proud to measure five feet that the gods fight over.

No necesitarás del artificio
de zancos y turbantes
que inconscientes hacían propaganda a los productos
de la united fruit,
a las empresas trasatlánticas.
Ya no serás un muñeca.
No serás un producto de los trópicos
una exquisita golosina.
Si hay cielos, Carmen
a tu cielo carioca llegarán César Romero y Tyrone Power,
Alice Faye, Don Ameche,
Adolph Menjou,
y toda la comparsa que seguía tus andanzas
desde Río a Los Ángeles
y ya no son los mismos.
Si hay cielos, Carmen, a tu cielo carioca
llegarán los muchachos que querían quitarte
la saya y el corpiño de volantes
los pulsos y collares
hasta dejarte sólo carne limpia que los dioses disputan.
Si hay cielos, Carmen,
en el tuyo estarás a tus antojos
¡Mi chica, chica,
boom,
chic…!

You don't need the artifice
of stilts and turbans
that unconsciously promoted the product
of United Fruit
to overseas companies.
You wont be a doll anymore.
No tropical fruit.
No exquisite sweet.
If there are heavens, Carmen,
at your carioca heaven will arrive
César Romero and Tyrone Power,
Alice Faye, Don Ameche, Adolph Menjou
and all the gang that follow your rambling
from Rio to L.A.
and aren't the same anymore,
If there are heavens, Carmen, to your carioca heaven
the boys will arrive who would love to take off
your tasseled slip and corset,
your bracelets and necklaces.
until you are simple bare flesh the gods fight over.
If there are heavens, Carmen,
in yours you will be at your whim
my chica, chica,
boom
chic. . .!

Translated by Pat Carrothers and Armando Romero

SAN CUGAT NOCTURNE

---◀◉▶---

NOCTURNO EN SAN CUGAT

ENCUENTRO CON JUAN SEBASTIAN

Debí esperar a que llegaras.
Yo era algo para dibujar,
por componer, textura apenas:
simple blanco olvidado,
que a gritos pedía un alma.
Ahora llegas y aún no sé
si soy o seré sombra
de lo que hace la luz

ENCOUNTER WITH JUAN SEBASTIAN

I must have awaited your arrival.
I was something to be sketched,
to be composed, hardly texture:
simple forgotten target,
which shouted for a soul.
Now you come and still I don't know
if I am or will be a shadow
from which light is made.

EL BARDO Y LAS MUSAS CARDINALES
Para Edmundo

Contigo el mundo arrastras: ciudades
que ya no están, sólo recuperables
en tu voz. Tú las devuelves a ser
intangibles, fugaces, el trazo de unas alas
errantes, la estela de la luz
sin rumbo. Eso recobras
cuando nombras sus calles, sus ríos,
la impresión de haber visto a alguien
que sólo tu memoria reconoce, un aroma.
Son esas cuatro musas cardinales
que hacen andar el orbe.
Ellas te acompañan y ordenan
tu caos esencial.

Ya volverán, mariposas, libélulas
que alzan, en vuelo, un trono
en el centro de la luz.
Allí tú, humildemente reverencias
sus antiguas imágenes.
Ya volverán, sin ellas nada es posible.
El agua se recrea cuando aparecen
y entonces todo fluye
como la luz y el tiempo y la memoria.

THE BARD AND THE CARDINAL MUSES
For Edmundo

You carry the world with you: cities that are no more
only recoverable in your voice.
You restore them to be intangible fleeting
the outline of some erring
wings —the stellar of the light
without bearings that you recover
when you name its streets its rivers
the impression of having seen someone
who your memory alone recognizes a fragrance.
These are the four cardinal muses
who make the earth move.
They shadow you and arrange
your essential chaos.

Now they become butterflies
dragonflies in flight who raise a throne
in the core of the light.
There you humbly venerate
your ancient images.
Now they'll return, nothing is possible without them.
The water delights itself when they appear
and then all flows
like light, like time and like memory.

LOS ASTROS EN EL CIELO
Para Paco

Dice a veces que es gallego.
¿Y quién no es un pinche gachupín?
Todos. Y es ese nuestro orgullo:
ser español. ¿De dónde?
¿Y a quién importa? Somos el mundo,
así redondo y torpe y bello,
gallego, claro está, gallego
como las rías y el maíz
y los bosques, más verde
que el cielo cuando quiere ser azul.
Ojos celtas, con sus dioses
verdes, acuosos que van y vienes
del mar al bosque para soñar.

THE STARS IN THE SKY
For Paco

He says at time that he is Galician
And who is not a bloody Spaniard?
All of us. And that is our pride:
being a Spaniard. From where?
and who cares? We are the world,
round and dull and beautiful.
Galician certainly he is Galician
Like the estuaries and the corn
and the forests, greener
than the sky when it wants to be blue
Celtic watery eyes with their green gods
which go and come
from the sea to the forest to dream.